KB148393

시험 **1**등 찍고,
SKY까지 가는
가장 쉬운

중학생
반복학습법

시험 1등 찍고, SKY까지 가는 가장 쉬운
중학생 반복학습법

초판 1쇄 발행 2014년 6월 20일

지은이 신성일
펴낸이 이지은
펴낸곳 팜파스
진행 이진아
편집 정은아
디자인 박진희
마케팅 정우룡
인쇄 (주)미광원색사

출판등록 2002년 12월 30일 제10-2536호
주소 서울시 마포구 어울마당로5길 18 팜파스빌딩 2층
대표전화 02-335-3681 ｜ **팩스** 02-335-3743
홈페이지 www.pampasbook.com ｜ blog.naver.com/pampasbook
이메일 pampas@pampasbook.com

값 12,000원
ISBN 978-89-98537-50-0 43370

이 도서의 국립중앙도서관 출판시도서목록(CIP)은 서지정보유통지원시스템 홈페이지
(http://seoji.nl.go.kr)와 국가자료공동목록시스템(http://www.nl.go.kr/kolisnet)에서
이용하실 수 있습니다.(CIP제어번호: CIP2014016401)」

중학교 성적을 올리는
기적의 반복학습
7단계

시험 1등 찍고,
SKY까지 가는
가장 쉬운

신성일 지음

중학생
반복학습법

팜파스

반복학습은
반드시 복습하라는 의미다!

　우리나라 중·고등학교 학생 중에서 학원을 안 다니는 학생은 거의 없다. 학교수업보다는 학원수업과 숙제를 통해 선행학습을 하고 복습을 하는 학생들이 상당히 많다. 성적이 낮을수록 학원에 대한 의존도가 높고, 성적이 좋을수록 학교수업에 대한 의존도가 높다.

　하위권 학생들은 학원을 다니지만 공부하기 싫어서 복습을 안 하고, 중위권 학생들은 학원 때문에 복습할 시간이 거의 없다고 불평을 한다. 상위권 학생들은 최소한의 필요한 만큼만 학원을 다니며 주기적인 복습을 통해 성적 관리를 하고 있는 것이 현실이다.

　복습을 잘하는 묘약은 멀리 있지 않다. 우선 하위권 학생들은 공부하기 싫은 마음을 바꾸면 된다. 책의 본문 1장에 나오는 러너스 하이(Runner's High) 효과를 잘 읽어 보고, 하기 싫고 지루하다고 느끼는 감정을 이기는 노력을 스스로 해야 한다. 지킬 수 있는 복습 목표를 세운 후 몇 번의 고비를 넘기면 발전이 있을 것이다. 중위권 학생들은 학원을 줄이면 된다. 특히 선행학습을 하는 학원을 줄이고 자기주도학습을 할 3~4시간 정도를 확보해서 복습학습량을 늘려야 한다. 상위권 학생들은 좀 더 효과적인 복습 방법을 통해 최상위권으로 도약할 수 있다. 교과서의 모든 부분을 심화 내용까지 꼼꼼히 이해하고 암기해서 실수를 줄여야 한다.

부모들이 생각하기에 최종은 대학입시이지만, 서울 강남권에서 말하는 입시는 고등학교 입시를 말한다. 더 내려가면 중등입시까지도 가지만 실질적으로 어느 고등학교를 가느냐가 중요하다. 현실적으로 고입이 입시전쟁의 중간 다리가 되는 셈이다. 그래서 중학생 때가 중요하다.

특히 중·고등학교 내신은 학교 수업이 중요하기 때문에 학교수업을 충실하게 듣고 반복해서 복습하지 않고서는 성적을 올리기 힘들다. 아무리 좋은 학원을 다녀도 학교시험의 출제자는 학교선생님이라는 사실을 명심하자. 스스로 공부하는 시간이 부족하고, 학원에 의존하는 학생치고 효과적인 반복학습을 하는 학생은 극히 드물다. 따라서 중학교에서 올바른 반복학습을 마스터하는 것이 중요하다. 이 책은 그 갈증을 해결해 준다.

이 책의 1장에서 말하고자 하는 핵심은 이렇다. 왜 반복학습이 필요하고, 반복학습을 할 때는 이해와 암기가 중요하다는 것을 강조하고 있다. 또한 지루함이라는 감정을 이겨 내야 한다. 몇 번을 반복하는 것도 중요하지만, 복습하는 시간의 몰입도가 더 중요하다.

2장에서는 반복학습을 할 때 필요한 기본 자세에 대해서 말한다. 학습 과목, 학습시간, 학습량 등 계획을 세워서 실천해야 한다. 반복학습을 할 때 교과서를 구석구석 꼼꼼히 체크하고 탐구활동을 소홀히 하지 말아야 한다. 그리고 선행학습보다는 현재 배우는 내용을 반복해서 공부하는 것이 왜 중요한지에 대한 설명하고 있다.

3장에서는 반복학습 방법에 대해 구체적으로 설명하고 있다. 반복해서 봐야 할 내용들을 비롯해서 이해한 내용을 질문으로 만들어 스스로 확인하는 과정을 거쳐야 한다. 실수를 줄이기 위한 방법과 문제의 답을 맞추기보다는 개념이 어떻게 문제화되는가를 보는 눈이 필요함을 강조한다.

4장은 주기적으로 효율적인 반복학습 방법을 제시하고 있다. 학교 수업을 마치기 전과 마친 후에 복습이 필요하고, 일주일 복습과 누적 복습이 왜 필요한지 제시하고 있다. 학교 시험을 본 후의 복습과 방학 때 다시 한 번 더 복습하는 필요성도 강조하고 있다.

5장에서는 과목별 공부방법이지만 구체적으로 과목마다 꼭 반복해서 기억해 두어야 할 내용 중심으로 소개했다. 가장 중요한 것을 알면 나머지 내용들은 자연스럽게 정리가 될 것이다.

기계적인 반복이 아닌 생각하는 반복이 되어야 한다. 반복학습에서 중요한 것은 다음과 같다.

첫째, 학교수업이다. 수업시간에 최대한 집중해서 듣고 이해해야
한다. 그래야 복습할 때 복습시간과 학습량이 줄어든다.

둘째, 반복 횟수와 학습량이다. 복습할 수 있는 시간을 확보하고 자
신의 반복 횟수와 학습량을 체크해서 밀도 있게 복습한다.

셋째, 반복학습을 하는 방법이다. 학교수업 끝나기 전에 복습하고,
수업이 끝난 후에 복습하고, 일주일 분량을 복습하는 등 주기
적으로 복습해야 한다. 자신이 가장 잘 이해하고 기억할 수 있
는 방법을 통해 몰입해서 계획한 학습량을 끝내야 한다.

아무쪼록 학생들이 이 책의 반복학습 방법, 즉 반복 복습 방법을 제
대로 활용해서 원하는 목표를 이루기를 바란다.

지은이 신성일

교과서 어디에 있는 내용인지 알 정도로 자세히 반복해서 보았다

2014학년도 서울대학교 의예과 합격 배수호(한서고 졸업)

학원에 의존하지 않고 학교 수업과 스스로 공부해서 서울대 의대에 합격한 배수호 군을 만났다(2014년 3월 21일 김포공항 국내선 커피숍). 인터뷰 전에 설문지 문항을 보냈었는데 학교수업과 반복학습을 통해 어떻게 원하는 목표를 이루었는지 꼼꼼하게 답변을 보내왔다. 인터뷰는 설문 내용을 토대로 이루어졌다.

수호 군의 아버지 배성철 씨도 만나 수호 군을 키울 때의 교육철학을 들어볼 수 있는 기회도 가졌다. 수호 군의 부모는 공부에 대한 강요보다는 수호 군의 든든한 조언자로서의 역할에 충실했다고 했다. 특히 부모는 자식을 키울 때 자식이 무슨 생각을 가지고 있는지 아주 사소한 것까지도 정확히 알고 교육해야 한다고 강조했다. 그래야 부모에 대한 신뢰도 커지고, 그것이 진정한 부모교육이라는 점 또한 빼놓지 않았다.

수호 군의 아버지가 들려준 수호 군의 일화를 하나 소개하면 다음과 같다.

"수호 군이 괴 때였다. 수호 군의 아빠가 새벽 3시쯤 잠이 깨어 일어나 보니 수호 군 방에 불이 켜져 있었다. 방문을 열고 들어가 보니 수호 군이 그때까지 공부를 하고 있었다. 새벽 6시에 일어나 준비하고 학교에 가는 것으로 알았던 수호 군 아빠는 '이제 그만 자야 하지 않겠니? 너무 늦었다.'고 하니까 수호 군이 '특목고 다니는 친구들은 새벽 1시, 2시까지 공부할 텐데 내가 어떻게 잠이 옵니까?'라고 했다는 것이다."

다음은 수호 군의 설문지 답변과 인터뷰 내용이다. 아쉽게도 수호 군이 공부했던 자료들은 사촌동생에게 모두 주어 인터뷰 때 자료를 가지고 나오지 못했다. 하지만 설문지 내용과 인터뷰 답변이 꼼꼼하고 충실해서 자료 없이도 충분히 이해가 가능하리라 생각한다.

중 · 고등학생 때 공부를 잘했던 건으로 아는데, 공부를 잘하게 된 이유를 자신의 공부법으로 설명해 주세요!

수호 : 일단 기본적인 공부량이 다른 친구들보다 많았고, 미리 세워 놓은 시간계획대로 체계적이고 효율적이게 공부를 했기 때문에 좋은 성적을 받을 수 있었습니다. 중 · 고등학교 때는 배워야 하는 과목도 많고 여러 번의 시험을 장기간 준비하며 공부해야 하기 때문에 미리 계획을 세워 체계적으로 준비하지 않는다면 낭비하는 시간도 많아지게 되고, 특정 과목에만 너무 많은 시간을 쏟다가 다른 과목은 공부를 제대로 하지 못하게 될 수도 있습니다.

그래서 저 같은 경우는 항상 저만의 원칙을 세워 놓고 공부를 했습니다. 특히 고등학교 때에는 수능 공부와 학교 시험 공부를 함께 해야 했는데, 매일 수능 과목별로 해야할 공부량을 정해 놓고 공부를 한 다음에 그날그날 학교에서 배운 내용을 복습하고 숙제를 하는 방식으로 공부했습니다.

그리고 주말에는 문제풀이보다는 부족하다고 생각되는 과목의 책을 다시 읽어 보며 개념을 복습하는 데 중점을 두었습니다. 평소에 이런 식으로 공부하다가 학교 시험 한 달 전부터는 시험을 위한 계획을 세웠습니다. 각 과목별로 시험 전까지 몇 번씩 반복할 것인지와 한 번 반복하는 데 시간이 얼마나 걸릴 것인지를 정한 후에 달력에 날짜별로 공부할 과목을 채워 넣었습니다. 평소에는 여러 과목을 조금씩 공부했다면 시험 기간에는 각 과목을 머릿속에 확실하게 정리하기 위해 한 과목씩 처음부터 끝까

지 몰아서 공부하고 다음 과목으로 넘어가는 방식으로 공부했습니다.

> **신성일 샘 :** '시험 기간에 각 과목을 머릿속에 확실하게 정리하기 위해 한 과목 씩을 처음부터 끝까지 몰아서 공부하고 다음 과목으로 넘어가는 방식으로 공부했다.'라고 했는데, 구체적으로 설명해 줄 수 있나요?

수호 : 평소 여러 과목을 공부할 수 있도록 시간계획표를 세웁니다. 예를 들면 하루에 국어, 수학, 영어, 과학을 공부합니다. 하지만 시험 기간에는 달라집니다. 한 과목을 집중 공부하는 방식입니다. 국어 과목을 공부할 경우 시험범위까지 공부하는 데 이틀이 걸린다고 하면 이틀은 국어 공부만 합니다. 시험범위까지 이틀 동안 내용을 집중적으로 공부하는 것입니다. 다음 날부터 이틀은 과학, 이렇게 공부합니다.

시험계획을 세울 때 상세하게 계획을 세우지 않고 달력에다 보는 횟수, 걸리는 시간 정도만 간략히 메모합니다. 이것은 공부하다 보면 경험적으로 알게 됩니다. 보통 4주 전, 3주 전, 2주 전으로 국어 공부를 할 요일을 정해 놓습니다. 다른 과목도 마찬가지입니다. 이렇게 한 과목을 집중적으로 공부합니다. 저 같은 경우 이런 방법이 개념 이해도 잘 되었습니다.

> **신성일 샘 :** 한 과목만 몇 시간씩 공부하면 지루하지 않나요?

수호 : 지루할 것이라고 생각하는 학생들도 있을 것인데, 매일 다른 과목을 바꾸어 가며 공부하는 방법보다 한 과목을 집중해서 공부하는 방법이 저에게는 잘 맞았습니다. 단 수학만큼은 예외예요. 시험 2주 전까지 매일 공부했습니다. 그런 다음 수학도 다른 과목처럼 계획을 세웁니다. 수학을 몰아서 해 보기도 했는데 문제를 푸는 능력도 떨어

지고, 옳지 않다는 생각이 들어서 시험 2주 전까지 매일매일 공부했습니다.

**공부를 잘하기 위해서는 반복학습(복습)이 필수인데,
단순히 기계적인 되풀이로는 효과적인 공부 방법이 될 수 없습니다.
경험에 비추어 반복학습을 어떤 식으로 했는지 설명해 주세요.**

수호 : 다시 강조하지만 가장 먼저 각 과목별로 시험 전까지 몇 번씩을 반복해야 하고, 한 번 반복하는 데 시간이 얼마나 걸리는지를 기본적으로 알아야 합니다. 그래야 반복 학습을 위한 계획을 현실적이고도 효율적으로 세울 수 있습니다. 단, 자신의 반복 횟수와 시간은 경험해 봐야 알 수 있기 때문에 시험 공부를 하면서 각 과목별로 몇 번을 반복해야 시험 준비를 완벽히 할 수 있고, 시간은 얼마나 걸리는지를 될 수 있으면 빨리 파악해야 합니다.

또한 과목에 따라 그리고 학교 시험을 위한 것인지, 수능을 위한 것인지에 따라 반복 학습을 하는 방법이 달라집니다. 예를 들어 국어 과목의 경우, 저는 수능 공부를 할 때에는 먼저 시간을 맞춰 문제를 풀고 주어진 작품이나 지문을 스스로 해석하고 주제를 찾아 해설지의 내용과 비교하고 논리적으로 답을 찾는 연습을 하였다면, 학교 시험 공부를 할 때는 수업 때 선생님이 정리해 주신 내용을 위주로 교과서 내용 이해를 바탕으로 여러 번 암기했습니다.

영어는 수능과 학교 시험 둘 다 기본적으로 단어가 가장 바탕이 되기 때문에 수능을 보기 직전까지도 매일 영어 단어를 외웠습니다. 그리고 수능 공부를 할 때에는 하루에 지문 3개씩을 주어진 시간 내에 독해하는 연습을 하였고, 학교 시험 기간에는 시험 범위의 지문들을 해석하고 수업시간에 정리했던 문법과 중요 표현 등을 암기하는 것을 위주로 하였습니다.

수학의 경우, 기본 실력이 중요하기 때문에 수능과 학교 시험을 구분하지 않고 공부하

였는데 새로운 내용을 배우게 되면 먼저 개념 학습으로 용어와 공식 등을 확실히 하고 문제집 2권 정도를 풀며 문제 유형을 익힌 다음 수능 기출 문제들로 수학적 논리력을 키웠습니다. 또한 수학적 논리력을 위해서는 오답노트를 만드는 것이 꼭 필요한데, 이때 오답노트에는 해설지에 나와 있는 풀이 과정보다는 왜 그러한 풀이로 전개될 수밖에 없는지를 생각하는 논리적인 사고 과정이 중요합니다.

저는 이처럼 과목별, 시험별로 적절한 공부 방법으로 바꿔가며 반복학습을 했습니다.

> 신성일 샘 : 반복학습을 할 때 수호 군만 회독의 방법이 있나요? 예를 들면 1회독할 때는 훑어 보고 2회독과 3회독하면서 이해가 안 가는 내용 위주로 본다든가 하는 방법으로 말이죠?

수호 : 결론부터 말하자면 저는 처음 볼 때부터 정독하는 스타일입니다. 공부는 이해도 필요하고 암기도 필요합니다. 저는 암기가 절대적이라고 생각합니다. 학교 시험의 경우에는 여러 번 보면서 이해와 암기를 합니다. 이해 안 되는 내용은 선생님에게 질문을 해서 반드시 알고 넘어가죠. 시험 기간 동안 세 번 본다고 하면 첫 번째 볼 때 이해 위주로 암기합니다. 외우기 어려운 부분이 나오면 굳이 외우려고 하지 않고 체크해 놓고 이해하고 넘어갑니다.

두 번째 볼 때 다시 정독합니다. 이때 기억이 잘 안 나는 내용도 있는데, 외웠던 내용이 전부 기억은 안 나더라도 이해는 됩니다. 이해된 내용은 바로 넘어갑니다. 첫 번째보다 두 번째 볼 때 암기하는 내용은 상대적으로 비율이 높아집니다. 암기한 내용이 더 많아진다는 의미죠.

세 번째 볼 때는 시험범위 내용 중 어떤 것을 물어봤을 때 막힘 없을 정도로 암기합니다. 이때부터 문제도 풀어봅니다. 저는 문제 위주가 아니라 개념을 철저하게 이해하는 위주로 공부해 왔습니다.

신성일 샘 : 내용이 암기되었다는 것을 스스로 어떻게 알죠?

수호 : 두 번째 볼 때 기억하고 있는지를 떠올려 보는 거죠. 손으로 가리고 스스로 확인을 하는 방법을 사용합니다. 예를 들면 조선 태조의 정책이다 하면, 두 번째 볼 때 정책을 가린 상태에서 어떤 정책이 있었는데 그 정책의 내용이 이런 거라고 떠올립니다. 생각이 안 나면 다시 보면서 확인합니다. 그러면 암기가 되죠.

신성일 샘 : 시간계획을 세울 때 나만의 노하우가 있나요?

수호 : 고등학교 다닐 때 평소 수능 공부와 학교 공부를 하는데, 수능 공부가 베이스(기본)가 됩니다. 계획을 세울 때 수능 공부에 더 많은 시간을 할애합니다. 계획된 수능 공부를 하고나서 학교 공부를 했습니다. 자습시간에 수능 공부계획을 간략히 세워서 공부해 나갔습니다. 학교 공부는 수업에 충실히 하며 복습했고, 이해가 안 가는 내용을 점검하며 매일매일 반복했습니다.

공부할 때 초시계는 사용하지 않았습니다. 굳이 시간을 재려고 초시계를 사용할 필요는 없다고 생각합니다. 경험적으로 아니까. 이 범위는 시간이 어느 정도 걸리니까 언제까지 보고, 이런 정도만 메모를 해 두었습니다.

신성일 샘 : 중학교 때부터 위에서 얘기한 대로 계획을 세워서 공부했나요?

수호 : 계획을 상세하게 짜지 않고 유동적으로 세웠습니다. 계획을 세울 때는 주로 달력을 활용했습니다. 평소에 머릿속에 어떻게 공부할지 생각해 놓고 달력에 메모해 놓는 방법을 사용했습니다. 사실 공부하는 학생은 느끼겠지만, 매일매일 패턴이 비슷합니다. 저 같은 경우, 계획을 자세하게 짜 놓으면 나중에 바뀌는 경험을 많이 했습니다. 시간계획을 세우는 것이 효율적으로 공부하려는 목적인데, 너무 자세하게 짜 놓으면 시간을 허비하는 경우가 많았습니다. 나중에 계획이 바뀌게 되더라도 유동적으로 변할 수 있게 간략히 달력에 계획을 짜 놓습니다. 예를 들면 수학의 경우, 오늘은 몇 쪽에서 몇 쪽, 몇 문제씩, 이런 식으로요.

학생들이 반복학습은 지루하고
시간이 오래 걸려 재미없다는 인식이 강한데,
이를 극복할 수 있는 방법이 있다면 얘기해 주세요.

수호 : 사실 공부를 하면서 지루하고 힘든 마음을 가장 잘 극복할 수 있는 방법은 분명한 목표 의식을 갖는 것입니다. 자기가 지금 왜 공부를 해야 하고 이것을 통해 대학이나 장래희망 등 이루고 싶은 것이 무엇인지를 확실하게 알고 있어야 공부가 지루하더라도 하게 되는 힘이 생깁니다. 하지만 그래도 공부를 하는 것이 재미없기만 하다면 공부에 대한 인식을 약간만 바꾸면 좋겠다고 생각합니다. 예를 들어 저 같은 경우에는 공부할 때 단순히 시험을 위해 공부한다고 생각하기보다는 스스로 학자가 된 것처럼 생각하였습니다.

그래서 수학 같은 경우, 공식을 외우고 문제만 풀지 않고 혼자서 정석이나 교과서처럼 개념과 원리가 상세하게 쓰여 있는 책을 읽으며 수학자가 된 것 같은 기분으로 공부했고, 다른 과목들도 정리된 요약집보다는 일부러 자세하게 설명되어 있는 책을 읽으며 영화에서 학자들이 옛 기록을 분석하는 것처럼 공부했습니다. 이러한 방법으로 공부를 하는 것이 어느 정도 몸에 배어 습관화가 되면 나중에는 반복학습을 하는 것이 익숙해져 크게 지루함을 느끼지는 않을 것으로 생각합니다.

반복학습할 때 학생들에게 필요한 건이 않는 습관부터 반복해 보는 건,
시간계획을 세워 반복하는 건,
자신의 능력에 맞는 적절한 학습량을 반복하는 건일 텐데,
이 부분들에 대해서 얘기를 해 두세요.

수호 : 많은 학생이 공부 방법에만 신경을 쓰고 있어요. 하지만 사실 제가 생각하기에 대부분의 학생들에게 필요한 것은 공부량을 늘리는 일입니다. 하지만 오랜 시간 동안 공부하는 것에 익숙한 학생은 많지 않습니다. 따라서 그런 학생들은 공부 방법을 논하기보다는 우선 오래 앉아서 공부를 하는 데에 익숙해지는 것이 중요하다고 생각합니다. 물론 처음에는 공부를 위해 앉아 있는 시간이 매우 지루하고 매 순간마다 다른 일을 하고 싶은 생각이 들겠지만, 공부에 어느 정도 흥미를 붙여 습관화가 된다면 공부량을 크게 늘릴 수 있다고 봅니다.

또한 앞에서 얘기한 것처럼 중 · 고등학생 시절의 공부는 다양한 과목을 장기간에 걸쳐 익혀야 합니다. 그래서 계획을 제대로 세워 놓지 않고 공부한다면 시간 낭비도 많아지고 시간 배분을 잘 하지 못하게 되는 경우가 많습니다.

시간계획을 잘 세우기 위해서는 먼저 자신에게 맞는 적절한 학습량을 찾는 것이 중요합니다. 저는 오랜 경험을 통해 과목별로 시험 전까지 최소 몇 번 이상을 봐야 완벽하게 모든 내용을 기억할 수 있고, 각각을 공부하는 데 시간이 얼마나 걸리는지를 잘 알

고 있습니다. 자신의 능력보다 적은 공부를 한다면 당연히 성적은 잘 오르지 않고, 그렇다고 무작정 많은 양을 하겠다고 계획을 세우게 되면 먼저 하는 과목에 너무 많은 시간을 소비하다가 다른 과목들은 거의 공부를 하지 못하고 부담만 늘어날 수도 있습니다.

그래서 처음에는 매일 2지문씩 풀다가 시간이 단축된다면 지문을 3개씩 늘리는 방식으로 시행착오를 겪으면서 자신에게 맞는 공부량을 빨리 알아내는 것이 중요합니다. 저도 이러한 시행착오를 겪으며 저에게 맞는 공부량을 찾는데 최소 1년 이상이 걸렸고, 중간에 공부 방법이 바뀔 때마다 다시 시행착오를 겪으며 공부량을 정했습니다. 직접 경험을 통해 알아내야 하는 것이라 시간이 많이 걸리고 힘들 수도 있지만, 자신에게 맞는 적절한 학습량을 찾는 것이 체계적인 계획을 세워 공부하는 데에 가장 기본이 됩니다.

> **신성일 샘 :** 보통학생과 우등학생의 반복학습 차이에 대해서 얘기해 준다면, 예를 들면 똑같이 3회 반복하더라도 결과가 다른 이유는 무엇일까요?

수호 : 교과서든 수업이든 모두 중요하게 생각하면서 꼼꼼히 보고 들어야 합니다. 대부분의 학생들은 자신이 생각하기에 중요한 것만 외우고 별로 중요하지 않는 내용들은 이해하고 넘어가려 합니다. 하지만 공부는 결과가 잘 나오는 게 중요합니다.

어떤 내용을 질문하더라도 확실하게 대답할 수 있을 정도로 이해와 암기를 해야 합니다. 저는 한 번, 두 번, 세 번 읽을 때마다 집중해서 봅니다. 암기할 게 많아져서 시간이 많이 걸리지만 늘 결과는 좋았습니다.

보통 아이들은 이런 방법으로 하지 않는데, 외우는 걸 줄이고 싶어 하면 안 됩니다. 내가 보고 있는 내용이 어떻게든 머릿속에 들어오는 것이 중요합니다. 어떤 내용이든 이해하고 외워서 머릿속에 들어 있어야 합니다.

수호 : 저는 공부할 때 읽으면서 합니다. 그래서 집에서 공부하는 것을 좋아합니다. 서술형의 경우 어떤 주제의 특징을 외워야 할 경우 줄글로 적혀 있지만, 특징 1, 특징 2, 특징 3 이런 식으로 기억합니다. 핵심어 위주로 기억하는 것이죠. 그러면 보충설명은 자연스럽게 기억됩니다. 특별히 암기 방법이라기보다는 교과서를 구석구석 다 봤습니다. 어떤 내용이 교과서 어느 부분에 나왔는지 모두 기억이 날 정도로 자세하게 봤습니다. 그러다 보니 그냥 외워지는 것입니다.

선행학습(몰이공부)을 하는 친구들이 많은데,
선행학습과 반복학습의 관계에 대해서 얘기를 해 두네요.
즉 짧게는 1년에서 길게는 3년 앞선 선행학습이 필요하느냐,
선행학습 보다는 반복학습에 치중해야 하는 문제,
이 둘의 적절한 공부량에 대해서요.

수호 : 만약 선행학습이 필요하냐고 묻는다면 저는 필요하다고 대답할 것입니다. 하지만 선행학습이 반복학습보다 중요하냐고 묻는다면 그건 아니라고 대답할 것입니다. 선행학습을 할 때 주의해야 할 것은 선행학습을 하게 된다면 나중에 배우게 될 것에는 더 유리해질지 모르지만, 현재 배우고 있는 것에는 더 불리해질 수밖에 없습니다. 저는 고등학교 1학년 겨울방학부터 2학년 초반까지 수학학원에 다니며 고등학교 3학년 수학 과정을 선행학습했습니다. 그런데 2학년 초반에 학기가 시작되었는데도 계속 선행학습을 하다 보니 선행학습을 위한 문제를 푸느라 현재 학교에서 배우고 있는 부분은 제대로 공부를 하지 못하고 중간고사를 치르게 됐고, 제가 지금까지 받은 수학

점수 중 최악의 점수를 받게 되었습니다. 그리고 그 결과가 선행학습을 하느라 학교 공부를 소홀히 했기 때문이라는 생각이 들자마자 다니고 있던 수학선행학원을 그만 두었습니다. 다 못한 선행학습은 여름방학 때 하기로 하고 현재는 학교에서 배우는 내용을 반복학습하는 데 치중하자는 생각으로 공부를 했고, 다행히 기말고사에서 좋은 결과를 얻을 수 있었습니다.

중학교 때는 선행학습을 위해 학원에 다닌 적은 없습니다. 과학실습학원을 다녔고, 영어회화학원을 다녔습니다. 고등학생 때는 수학을 제외하고는 선행학습을 거의 하지 않았고, 수학도 방학처럼 시간이 많은 기간에 1~2년 정도만 앞선 선행학습을 했습니다. 제 경험으로 얘기하지만, 선행학습은 그 이후에 스스로 반복학습을 할 수 있게 해 줄 뿐이지 선행학습이 끝나고 반복학습을 하지 않는다면 선행학습 그 자체는 아무런 의미가 없다고 생각합니다. 그렇기 때문에 선행학습을 하려면 수학이나 심화된 과학, 사회 과목처럼 학교 수업만으로는 따라가기 힘들다고 생각되는 과목들만 하되, 될 수 있으면 학기 중이 아닐 때 짧고 굵게 몰아서 합니다. 그리고 선행학습 이후에는 꼭 스스로 여러 번 반복학습을 해야 합니다. 선행학습과 학교 진도 공부를 동시에 해야 한다면 과감히 선행학습은 버리고 현재 공부해야 할 것에만 집중하라고 얘기해 주고 싶습니다.

영리한 반복학습이라면 무언을 어떻게 더 반복할지를 알아야 하고, 의도적으로 수업 내용을 반복해서 회상하는 건, 빌누를 줄이는 반복학습, 반복 시험 등이 중요해요. 이와 관련하여 경험담이 있으면 얘기해 두세요.

수호 : 저 같은 경우 수업 때 선생님이 정리해 주신 내용을 위주로 반복학습을 했습니다. 무엇보다 학교 시험의 출제자는 그 과목의 선생님이기 때문에 시중에 나와 있는

그 어떤 자습서보다 선생님이 직접 정리해 주셨던 내용이 시험에 더 중요할 수밖에 없습니다. 그리고 공부를 하면서 이전에 배웠던 것과 연관되는 내용이 나오면 지금 문제를 푸는 데에는 별로 필요가 없더라도 다시 한 번 배웠던 내용들을 정리하였고, 잘 생각이 나지 않으면 책을 찾아보며 배웠던 것들을 확실하게 짚고 넘어갔습니다. 가끔 주말 동안에 화학 과목 자습서를 처음부터 끝까지 정독하며 정리한다든지 해서 배웠던 내용들을 주기적으로 반복하였습니다.

저는 수학 문제를 풀 때 계산 실수를 하는 경우가 상당히 많은 편이었습니다. 계산 실수를 많이 하다 보니 잘못됐다는 것을 깨닫고 문제를 다시 푸는 데 많은 시간을 소비했고, 나중에는 올바로 푼 문제라도 혹시나 실수하지는 않았을까 하는 생각에 답에 대해 신뢰를 못하는 경우가 많았습니다. 이처럼 계산에서 실수하는 것을 줄이고자 일부러 노트에 풀이 과정을 차근차근 쓰며 문제를 푸는 연습을 했습니다. 원래는 노트에 마구 휘갈겨 쓰며 문제를 풀었었죠. 계산 과정을 하나하나 깔끔하게 적으며 문제를 풀자 글씨를 쓰는 속도는 더 느려졌을지 모르지만, 계산에서 실수가 많이 줄어 결과적으로는 문제를 푸는 속도와 정답률이 훨씬 더 좋아졌습니다.

시험이라는 것은 극도로 긴장된 상태에서 치르게 되고, 중요한 시험일수록 긴장감과 그로 인한 실수가 더 많아질 수 있습니다. 때문에 평소에 자신이 자주 저지르는 실수를 파악하고, 이를 고치는 연습을 반복해서 시험에 미리 대비해 놓는 것이 중요하다고 생각합니다.

신성일 샘 : 공부하면서 개념을 완벽히 이해하고 난 다음에 문제를 푸는 게 좋은지, 개념을 이해하는 과정에서 문제도 함께 푸는 것이 좋은지 설명해 주세요.

수호 : 과목별로 다릅니다. 국어의 경우, 고1까지는 문제를 거의 안 풀었습니다. 교과서를 계속 회독했죠. 교과서에 나오는 내용 어떤 것을 물어봐도 대답할 수 있다는 자

신감이 들었을 때 문제로 확인했습니다. 문제를 풀다가 이해가 안 가는 문제가 나오면, 별표를 해 놓고, 그 문제들 위주로 복습을 했습니다.

과학, 사회 과목의 경우도 마찬가지로 시험 보기 전까지 문제는 거의 안 풀었습니다. 개념을 완벽히 이해한 다음에, 정말 확실하다 싶으면 문제로 확인을 했습니다. 수학을 제외하고는 시험 보기 전까지 문제에 집중하지 않고 개념 이해에 집중했습니다.

수학의 경우, 문제를 풀면서 개념을 익히는 게 좋습니다. 유형별로 나누어져 있는 문제집이 좋아요. 기본 문제부터 유형별 문제, 최상위 응용문제까지 나누어져 있으면 좋죠. 기본 개념을 익힌 후 문제로 확인해 보고, 유형문제들을 풀어 나가는 방법입니다. 중위권 학생이 상위권 목표로 한다면, 학교 시험에서 이 부분까지만 공부하면 된다는 범위가 있습니다. 유형을 반복해서 푸는 게 중요합니다. 수학 문제를 풀다 보면 문제가 많다거나 새로운 문제가 나온 것 같다는 생각이 들 수 있습니다. 하지만 유형만 알고 있으면 풀이 방법은 비슷합니다.

최상위를 목표한다면 응용된 문제까지 공부해야 합니다. 상위권에 도전하는 학생이라면 너무 무리하게 범위를 잡으면 힘들어집니다. 상위권으로 올라선 다음에 그러한 문제를 풀어도 늦지 않습니다.

신성일 샘 : 반복학습과 노트 정리 관계에 대해서 설명해 주세요.

수호 : 노트에 필기하기보다 교과서나 기본서에 필기를 했습니다. 노트에 적는 경우가 비효율적이라고 생각은 안 하지만, 저는 그렇게 하지 않았습니다. 나중에 교과서로 반복학습할 때 필기한 내용 위주로 공부했습니다. 다시 봤는데도 이해가 되지 않는 내용은 백지에 리스트를 쓰면서 개념을 반복해서 익혔습니다.

쉽게 설명하면 국어의 경우 함축적 의미에 대해서 잘 이해가 안 가면, 함축적 의미라고 적고 정리를 해 놓는 것입니다. 다음에 다시 복습할 때 리스트에 적은 내용을 다시 반복해서 공부했습니다. 공부하면서 몰랐던 내용이 등장하면 리스트에 추가하는 방식입니다. 단원이 끝나면 리스트 내용을 다시 복습했습니다. 리스트를 정리한 내용이 복잡해지면 새로 만듭니다. 새로 리스트 만들 때 항목 수가 줄어듭니다. 왜냐하면 완벽하게 알게 된 리스트는 제외하기 때문입니다.

과목별 공부를 반복학습과 관련하여 어떻게 공부했는지 얘기해 볼까요? 학교 시험 보기 전까지 시험범위 내용을 몇 번 정도씩 반복했는지도 설명해 두세요.

수호 : 각 과목별로 말씀드릴게요.

국어〉 학교 시험 공부를 할 때, 시험 보기 전까지 (수업시간에 공부한 것 등을 제외하고 시험 보기 한 달 전부터 스스로 공부한 것만) 최소 3번에서 많으면 5번까지 반복해서 공부했습니다. 국어는 문제를 많이 풀기보다는 시험 범위의 작품들에 대해 시구의 의미, 표현 효과, 작품의 성격 등 선생님이 정리해 주셨던 내용들을 모두 외울 정도로 반복해서 봤습니다. 교과서 내용을 완벽히 익혔다고 생각되면 문제집을 풀며 잘못 이해했던 부분이나 새로 알게 된 내용들을 정리했습니다.

수능 공부할 때에는 고등학교 1학년 때부터 2학년 말까지는 매일 문학 2지문(약 8문제), 비문학 지문 2개씩(8~10문제) 시간을 재가며 풀었고, 문제를 푼 이후에는 지문의 표현과 주제 등을 정리하고 저의 해석을 답지의 해석과 비교하며 각 문제에서 답이 그렇게 나온 근거를 찾는 연습을 했습니다. 고등학교 3학년부터는 같은 방법으로 하되 매일 수능 모의고사 1회(45문제) 분량만큼의 문제를 풀고 틀리거나 헷갈렸던 지문들만을 정리하였습니다.

영어〉 영어는 단어장을 만들어 공부를 하다 모르는 단어가 나올 때마다 적고, 수능 직전까지 매일 함께 외웠습니다. 학교 시험 공부를 할 때, 많은 학생이 시험범위의 지문을 그냥 통째로 외우는데 그런 방법은 실력 향상에도 도움이 되지 않습니다. 학년이 올라갈수록 시험범위의 지문 수가 많아져 외우기 힘들게 됩니다.

제 경우에는 시험범위 내의 지문에서 몰랐던 단어, 선생님이 정리해 주셨던 문법, 중요한 표현들만을 암기하고 나머지 지문의 내용은 시험 때 다시 읽어 보며 독해를 하는 데 어려움이 없을 정도로만 반복적으로 해석하며 공부했습니다. 국어와 마찬가지로 시험 기간 동안에 3~5회 정도 반복했습니다.

수능 공부를 할 때에는 매일 5지문씩 시간을 재며 풀고, 해석이 잘 안 됐던 문장을 다시 해석해 보고, 몰랐던 단어와 문법을 정리하여 반복적으로 보았습니다. 고등학교 2학년부터는 지문의 수를 15개로 늘렸고, 3학년에는 수능 모의고사 한 회(23문제)씩을 매일 풀었습니다. 또한 수능 영어에서 듣기도 독해 못지않게 중요하기 때문에 매일 모의고사 한 회(21문제)만큼 영어 듣기 연습도 했습니다.

수학〉 수학 공부를 할 때, 가장 먼저 개념 이해가 기본이 되어야 합니다. 새로운 용어들과 공식을 이해하고 외운 후에는 유형별 문제집을 풀며 각 단원의 대표적인 유형들을 익혔습니다. 중학생이거나 고등학생인데 중위권이라면 개념과 유형을 확실히 익히는 것이 중요하지만, 고등학교 상위권이고 고득점을 원한다면 유형을 익힌 이후에 수학적 논리력을 익히는 공부를 해야 합니다.

이를 위해서는 수능 기출문제들을 풀며 못 풀었거나 시간이 오래 걸렸던 문제들을 오답노트에 정리하며 논리적으로 주어진 문제의 조건에서 올바른 풀이 과정을 떠올릴 수 있도록 연습을 해야 합니다. 이때 앞에서도 얘기했듯, 오답노트에는 답안지에 나와 있는 풀이 과정보다는 문제의 조건을 가지고 왜 그러한 풀이 방법이 나올 수밖에 없었는지를 스스로 논리적으로 생각하여 서술식으로 표현해 두는 것이 좋습니다. 저는 이러한 방법으로 하루에 60~80문제 정도씩을 풀었습니다.

과학〉 과학도 국어처럼 문제풀이보다는 개념과 수업시간에 정리한 내용을 위주로 공부했습니다. 물론 새롭게 배우는 내용들이라면 어느 정도 암기가 필요하겠지만 암기를 한 이후에는 개념을 바탕으로 적용하는 연습을 해야 합니다. 그래서 평소 수업 때 정리한 내용과 자습서를 여러 번 읽으며 개념을 익히고 외우는 데 중점을 두고, 시험기간에는 문제풀이로 마무리한다는 생각으로 문제집을 풀며 공부했습니다. 또한 가끔씩 주말마다 과학 자습서를 처음부터 끝까지 다시 개념 정리를 하며 몰랐던 부분들을 종이에 적으며 반복적으로 개념학습을 했습니다. 과학은 시험 보기 전까지 3번 정도를 반복했습니다.

사회〉 사회도 과학과 비슷하게 공부했습니다. 사회 역시 문제보다는 개념을 이해하고 외우는 것이 중요하기 때문에 교과서와 수업 때 받은 프린트, 자습서를 함께 펴 놓고 앞부분부터 교과서를 읽고, 그 부분에 해당하는 프린트와 자습서를 읽으며 내용을 이해하는 데 중점을 두었습니다. 물론 여러 번 반복학습을 통해 최종적으로는 이해하는 것뿐만이 아니라 암기도 해야 했지만, 무작정 암기하기보다는 교과서의 자세한 설명을 읽으며 이해를 바탕으로 암기하는 것을 원칙으로 하였고, 시험 전까지 3회 정도 반복학습을 했습니다.

역사〉 역사의 경우에는 워낙 많은 사실이 내용으로 들어 있기 때문에 암기도 많이 필요했지만, 사회처럼 교과서의 설명을 통해 흐름을 이해하며 외우고자 했습니다. 역사도 교과서와 프린트, 자습서를 함께 펼쳐 놓고, 정리되어 있는 내용보다는 교과서에 상세하게 적혀 있는 흐름을 파악하며 공부했습니다. 역사는 사실을 확인하는 문제가 많이 나오기 때문에 거의 문제집을 풀지 않았고, 시험 때까지도 교과서에 서술되어 있는 글과 프린트에 정리된 내용을 읽으며 개념과 사실을 확실히 기억하는 데 중점을 두었습니다. 역사는 시험 전까지 4~5번 정도 반복학습을 했습니다.

신성일 샘 : 오답노트를 강조했는데 어떤 형식으로 정리했나요?

수호 : 오답노트 정리는 수학만 했습니다. 다른 과목은 문제에 별표를 해 놓고 집중해서 공부했습니다. 수학도 원래는 문제집을 활용했는데, 방법을 바꾸었습니다. 방법을 바꾸었더니 훨씬 실력이 좋아졌습니다.

오답 정리 방법은 틀린 문제, 시간이 오래 걸린 문제 등으로 문제 자체를 그대로 적었습니다. 문제를 간략하게 적는 학생도 있는데, 저는 다 적었습니다. 그림이나 도표가 있으면 그것까지 모두 적었습니다. 풀이 과정을 적는 것이 중요한데, 왜 이 문제에서는 이런 풀이 과정으로 전개될 수밖에 없었는지까지 적었습니다. 해설서의 풀이 과정을 적지 않았습니다. 예를 들면 조건이 있고 구하고자 하는 게 있으면, 연결고리를 떠올리면서 풀이 과정을 찾아내는 것입니다. 이러한 조건에서 구하는 방법은 어떤 게 있는데 이 방법은 이래서 안 되고 이 방법은 이래서 된다는 식으로 사고하는 과정을 노트정리해 나갔습니다. 머릿속으로 생각해 내는 과정을 노트에 상세하게 적습니다. 풀이 과정은 아주 간략하게 적습니다. 실제로 계산하는 과정보다 그 문제를 처음 봤을 때부터 답이 나올 때까지 머릿속에 떠오르는 과정을 적습니다. 제가 사고했던 과정을 논리적으로 정리한다고 생각하면 됩니다.

신성일 샘 : 그렇게 정리하면 시간이 상당히 많이 걸리지 않나요?

수호 : 당연히 시간이 많이 걸립니다. 하지만 그렇게 정리했던 문제는 비슷한 어떤 문제가 나와도 해결할 수 있었습니다. 혹시라도 틀렸던 문제인데 또 틀리는 경우, 풀었었더라도 과정이 생각이 안 나는 경우도 있습니다. 이때 사고 과정에 집중해서 다시 풀어 봤습니다. 사고 과정을 다시 생각해 보고, 생각한 내용을 전에 써 놓았던 사고과

정과 비교해서 봤습니다.

신성일 샘 : 오답노트를 작성해 놓고 주기적으로 반복했나요?

수호 : 오답노트 자체로 복습한 경우는 거의 없었습니다. 다른 비슷한 유형의 문제가 나오면 오답노트를 참고해서 다시 보았습니다. 즉 오답노트를 정리해 놓고 참고용으로 봤습니다. 중요한 것은 오답노트를 정리하고 문제 자체는 최대한 빨리 잊어버려야 합니다. 문제를 푸는 것보다 논리를 익히는 것이 중요하기 때문입니다. 오답노트에 사고 과정을 쓰면서 문제를 익히는 건데, 문제를 기억하고 있으면 나는 이렇게 풀었는데 하면서 기억에 의존하게 됩니다. 그래서 문제 자체를 잊어버리려고 했습니다. 다시 강조하지만 사고 과정만 기억, 논리만 기억하고자 했습니다. 문제를 잊겠다고 해서 문제가 잊히는 것은 아니라고 생각할지 모르지만, 최대한 문제 생각을 안 하려고 했습니다.

신성일 샘 : 하루에 수학 문제를 60~80문제를 푼다고 했죠?

수호 : 저는 같은 문제집을 3번 반복해서 풀었습니다. 수학 문제의 경우 학교 자습시간, 쉬는 시간, 점심시간을 이용해서 풀었습니다. 정규 수업시간이 끝날 때까지 다 풀 수 있도록 했습니다. 즉 자투리시간에 문제를 모두 풀었습니다. 과목이 많기 때문에 자투리시간을 활용해서 수학 문제를 해결해서 다른 과목 공부하기가 수월했습니다.

신성일 샘 : 과목별로 공부를 3~5번 반복했다고 했죠?

수호 : 사실 이 횟수는 시험 돌입했을 때고 과목과 단원에 따라서 10, 20번 본 경우가 대부분이라고 생각하면 됩니다. 평소까지 본 횟수까지 따지면 셀 수가 없을 정도로 자세히 반복해서 봤습니다.

신성일 샘 : 학원은 다녔나요?

수호 : 고등학교 올라가서 수학학원에 다닌 것을 제외하고, 학교 공부를 위한 학원은 다니지 않았습니다. 중학교 때 과학 실험을 위한 학원. 영어는 회화학원을 다닌 정도였습니다. 저는 학원에서 공부하는 것보다 혼자 공부하는 게 더 익숙했고, 더 맞았습니다.

끝으로 힘든 과정이라도 공부 잘하는 중학생이 되기 위해 선배로서 해 줄 수 있는 얘기들이 있을 텐데, 후배들에게 용기를 줄 수 있는 조언을 해 주세요.

수호 : 저에게 다시 중학생이나 고등학생 시절로 돌아가고 싶으냐고 묻는다면 절대로 돌아가고 싶지 않다고 말하고 싶을 정도로 저는 중·고등학교 때 학업과 관련해서 힘든 일들을 많이 겪었습니다. 특히 특목고 입시 실패 경험과 공부를 하기 위해 힘겹고 외롭게 보내야 했던 시간들 때문에 모두 포기하고 싶었던 때도 굉장히 많았습니다. 여러분도 앞으로 중학교와 고등학교 시절을 겪으며 학업에 관련해서, 또는 입시에 관

련해서 힘든 일들이 있을 것입니다. 그럴 때마다 이것 한 가지만 기억해 주세요. 극복할 수 없는 시련은 절대로 여러분에게 찾아오지 않는다는 것 말입니다. 이건 제가 중·고등학교 6년 동안 많은 일을 겪으며 느낀 진리입니다. 정말 많은 어려움이 있었고 이겨낼 수 없을 것 같았지만, 그 순간 할 수 있는 최선의 일을 하다 보면 결국은 극복하게 됐습니다.

저는 아직도 이 생각만큼은 변치 않고 있습니다. 그러니 앞으로 어려운 일이 있을 때마다 결국 극복할 수 있을 것이라는 생각을 갖고 절대 포기하지 않았으면 합니다. 그리고 꼭 각자가 가지고 있는 꿈을 이루었으면 좋겠습니다. 여러분 파이팅!

인터뷰를 마치며

전교 1등 학생들과 인터뷰를 해보면 그 학생들은 공부를 하는 데 있어 그들만의 독특한 방법으로 무서울 정도로 공부한다. 인터뷰를 한 수호 군도 마찬가지였다. 인터뷰 내내 진지하고 성실하게 대답해 준 수호 군에게 감사한다.

수호 군과 인터뷰를 하고 느낀 점을 학교 시험 공부에 초점을 맞추어 정리하면 다음과 같다.

첫째, 집중력이 대단하다. 수업과 책에 몰입하는 집중력은 목표와 흥미의 결과물이다. 수호 군도 무수한 반복학습을 했지만, 특히 시험을 준비하면서 한 과목을 이틀 내내 집중해서 공부했다고 한다. 일반적으로 학생들이 한 과목을 두세 시간만 공부해도 지루하고 집중력이 떨어지는데, 수호 군은 이 방법이 자신에게 잘 맞아 그렇게 했다는 것이다. 대단한 집중력을 가지고 있었다.

둘째, 이해력이 좋다. 이것은 무한반복의 결과다. 무수한 반복을 통해 교과서의 중심 개념과 보충 개념들이 머릿속에 하나로 연결되어 있다.

셋째, 수호 군은 암기에 대한 투자도 많이 했다. 이해를 하고 난 다음에 내가 이해한 내용을 잘 기억하고 있는지 스스로 확인 과정을 거쳤다.

넷째, 노력을 게을리하지 않았다. 인터뷰 마지막에 수호 군에게 "스스로 생각하기에 머리가 좋다고 생각하느냐?"고 질문을 했다. 그러자 이렇게 대답했다. "저는 머리가 좋지 않아요. 기억력도 안 좋죠. 순전히 노력형이라고 생각합니다."

수호 군과의 인터뷰에서 학교 시험은 완벽하게 이해하고 암기할 때까지 집중해서 복습해야 좋은 결과를 얻을 수 있음을 알 수 있다. 즉 반복학습을 통한 부단한 노력이 공부를 잘하게 되는 최선임을 알 수 있다.

Part 01

공부는 기본에 충실해야 한다
반복의 힘

반복학습을 해야 이해력과 기억력이 점점 좋아진다.
반복은 횟수도 중요하지만 몰입도가 더 중요하다.
그러므로 기계적인 반복은 하지 말자.

다 이해했다는 것이 다 기억한다는 의미는 아니다

중학교 2학년 여학생이 엄마와 함께 상담을 하러 왔는데 질문의 요점은 이랬다.

"선생님, 저는 공부한 만큼 성적이 안 나와서 고민이에요."

좀 더 구체적으로 얘기해 보라고 했다.

"수업도 충실히 듣고 복습도 잘하는 편이에요. 수업 내용이나 복습할 때 이해도 잘 되고요. 모르는 내용은 자습서를 찾아보거나 선생님에게 질문해서 이해를 해요. 그런데 시험을 보면 아는 문제도 틀리고, 기억도 안 나서 틀리고 그래요."

평상시에 복습은 어떻게 하는지, 시험계획을 세운 이후 반복학습의 횟수는 어떻게 되는지도 물었다.

"평상시에 학교수업 듣고, 학원 갔다 와서 학원 숙제해요. 시간이 남으면 복습하고요. 시험 일정이 잡히면 시험범위까지 1~2번 보고 문제집을 주로 풀어요."

엄마는 딸이 이해력도 좋고 표현력도 좋고 공부도 열심히 하는데 무엇이 문제인지 모르겠다며 한숨을 내뱉었다.

이런 이유로 상담하러 온 학생들을 관찰해 보면 두 가지 유형이 있다.

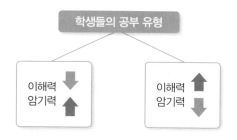

첫째는 이해보다는 무턱대고 암기 위주로 공부하는 학생이다. 단순 개념 암기에 치중하는 학생들이다. "왜 이렇게 되는 거지?"라는 의문을 가지고 반복해서 개념을 이해하며 기억하는 공부가 아니다. 깊이 있게 생각하는 활동이 부족한 케이스다. 공부는 이해력이 우선되어야 한다. 우리가 하는 말로 머리가 좋다는 것은 '이해력이 빠르다'는 것을 의미한다. 학생들마다 이해력 수준이 다르다. 한 번 듣고 알아차리는 학생이 있는 반면, 두 번이나 세 번 또는 그 이상 들어야 '그래서 이게 이렇게 되는구나'를 아는 학생도 있다.

한 번 듣고 원리를 파악하는 학생들은 쌓아가는 지식도 많은데다가

작동할 기제들이 많아진다. 이러한 학생들은 가속도 효과가 있다. 남들보다 이해하는 속도가 빠르기 때문에 나중에 학습량이 다르며, 도달하는 학습할 범위가 넓어진다. 따라서 이해력 수준이 상당한 학생들과 경쟁하려면 더 많은 시간을 노력해야 한다. 시간이 걸리더라도 개념의 이해, 개념과 개념 간의 관계에 집중하여 반복해서 읽으면서 이해해야 한다. 영어단어를 암기하는 것도 아니고, 교과서 내용을 이해 없이 암기하는 것은 모래성과 같아 언제 허물어질지 모른다.

둘째는 이와 반대로 이해력은 좋은데 암기력이 부족해 번번이 공부한 만큼 성적이 나오지 않는 학생이다. 공부하려는 의지도 있고, 나름대로 성실하게 공부하는 학생들 중에 이런 학생들이 간혹 있다. 이해력도 있고 아는 내용도 많지만, 암기 등에 쏟는 노력이 부족해 시험만보면 망치는 전형적인 유형의 학생이다.

상담을 하러 온 여학생도 이해만 하려 했지 암기에 대한 노력을 게을리했다. 이해만 되면 다 안다고 생각하는 자기 최면에 빠진 경우이다. 자신의 머릿속에 공부한 내용이 기억되어 있는지 스스로 점검하는 습관이 부족했던 것이다. 이 여학생은 복습보다는 학원 숙제에 시간을 많이 빼앗겨 복습 횟수도 부족했다. 문제집에 의존하는 경향도 컸다. 반복 횟수가 부족하니 머릿속에 기억되는 내용이 많지 않았다. 시험을 위한 공부가 아닌 스스로의 만족을 위한 공부에 치중한 것이다. 이 여학생에게 반복학습의 중요성과 방법에 대해서 설명해 주었더니 고개를 끄덕이며 이번 시험부터 제대로 실천해 보겠다는 의지를 보여주었다.

엄밀히 얘기하면 우리나라 학교 시험은 기억력 시험이다. 자신의 생각을 논리적으로 서술하는 시험이 아니다. 공부한 내용이 얼마나 머릿속에 정리되어 있는지 측정하는 시험이다. 따라서 단순히 이해하는 차원을 넘어서 교과서 내용이 정확하고 깊이 있게 기억되어 있지 않으면 낭패를 보게 된다. 학교 시험이 이해를 기본으로 하지만 결국 암기 문제가 대부분이라는 것은 교과서에서 제시하는 과제만 봐도 그렇다.

예를 들면 중2 과학에서 파동을 배운다. 파동 단원 중 '횡파와 종파 관찰하기'에서 이렇게 문제가 나온다.

"횡파와 종파를 구분할 수 있고, 그 특징과 각각의 예를 설명하라."

이 과제에 대해 답을 하려면 이해는 당연하고, 기본적으로 암기되어 있어야 하는 내용들이 많다. 횡파와 종파 각각의 개념만이 아니라, 이 두 개념의 공통점과 차이점이 머릿속에 잘 정리되어 있어야 한다. 이 과제에 대한 정확한 답을 할 줄 알아야 횡파와 종파에 대한 다른 문제들도 해결할 수 있다. 학교 시험이 암기 문제가 되지 않기 위해서는 횡파와 종파의 뜻과 특징을 설명해 주고 학생들의 사고력을 묻는 시험이어야 하는데, 아직까지 우리나라 시험은 그렇지 않다.

또 하나의 과제를 보면 다음과 같다.

**"물결파가 횡파인 이유를 파동의 전파 방향과 매질의 진동 방향을
연관 지어 설명하라."**

이 과제를 보면 횡파와 종파를 이해만 해서는 시험 문제로 나왔을 때
정확하게 답변할 수가 없다. 물결파, 매질 등 머릿속에 모든 내용이 기
억되어 있어야 한다. 그래야 유사 문제가 나왔을 때 해결이 가능하다.

쉽게 얘기하면, 평상시에 한국말을 조리 있게 표현할 줄 아는 것과
국어 시험을 보기 위해 한국어를 공부하는 것과는 다르다. 즉 말을 유
창하게 할 줄 아는 능력과 문법, 단락의 주제 찾기, 글의 특징 등 구체
적으로 언어에 대한 전문지식을 아는 능력과는 다르다는 얘기다. 시험
은 머릿속에 기억되어 있어야 하는, 즉 외워야 해결할 수 있는 문제가
대부분이다.

수학도 마찬가지로 한 번 풀면서 이해했다고 비슷한 유형의 문제들
을 술술 맞힐 수 있는 것이 아니다. 조건, 풀이 과정, 사고 과정, 공식 유
도 과정 등에 대한 이해를 반복하면서 결국 암기하는 것이다. 암기되
어 있으면 문제를 풀어가는 연결고리가 쉽게 풀린다. 여러분의 학교
시험 문제를 다시 꺼내어 살펴보라. 암기하지 않고 풀 수 있는 문제가
몇 문제나 되는가를 직접 느껴야 한다.

반복을 통한 암기의 중요성에 대해서 좀 더 얘기를 풀어나가 보자.

피겨스케이팅이든 축구든 가장 실력 있는 코치에게 지도를 받아도 바로 피겨스케이팅이나 축구를 잘할 수 있게 되는 것은 아니다. 김연아 선수나 박지성 선수만 봐도 그렇다. 김연아 선수의 반복훈련을 통한 성공은 여러분이 본받을 점이 많다.

김연아 선수는 하루 평균 8시간씩 연습하면서 트리플악셀(공중 세 바퀴 반 회전)을 성공시키기 위해 수없이 훈련했다고 한다. 특히 김연아 선수가 여러분 나이 때 즈음인가, 러츠 점프를 성공시키기 위해서 훈련을 하는 데 실패를 거듭했다. 계속 반복해서 시도를 하며, 성공을 못하면 집에 가지 않는 오기까지 발동했지만 실패는 계속 되었다. 마음은 멋지게 점프하고 싶은데 몸이 안 따라주는 것이었다. 눈물도 많이 흘렸다고 한다. 하지만 포기하지 않고 '한 번만 더'를 계속한 반복이 결국 러츠 점프를 성공시켰다고 했다.

공부도 마찬가지다. 영어 과목이나 수학 과목의 명강사에게 수업을 들어도 바로 문제들을 척척 해결할 수는 없다. 해결 방법은 여러분의 몫이다. 예를 들면 영어 수업시간에 수동태에 대해서 배웠다고 해 보자. 그렇다고 바로 수동태 문제를 다 풀 수 있는 것은 아니다. 수학 수업시간에 방정식에 대해서 배웠더라도 마찬가지다. 아주 기본적인 문제는 해결하겠지만 난이도 있는 문제는 풀 수 없을 것이다. 경우에 따라 이해력과 기억력이 상당히 뛰어난 학생이 웬만한 문제들을 해결할 수 있다고 하더라도 제한된 시간 안에 풀 수는 없을 것이다. 거듭 훈련해서 속도를 향상시켜야 한다.

그럼 어떻게 해야 모든 문제를 제한된 시간 안에 풀 수 있을까?

방법은 반복학습밖에 없다. 어떠한 공부 방법도 이것을 해결할 수 있는 방법이 없다. 반복학습이 최선이다. 공부 진도가 잘 나간다고 해서 공부한 내용을 내가 모두 알고 있다고 생각하는 것은 위험한 생각이다. 진도를 나갈수록 앞부분의 내용은 잊어버리게 되어 있다. 확실히 공부한 것이라도 시간이 지나면 잊히기 마련이다. 사람은 컴퓨터가 아니기 때문에 한 번 배운 것을 계속 기억할 수 없다. 따라서 주기적인 반복학습이 꼭 필요하다. 반복학습만이 시간이 지나도 잊히지 않게 공부하는 방법이다. 성적을 올리기 위해서는 이해하고 암기하는 행동을 반복해야 한다.

따라서 공부의 절대 기본은 반복학습이다. 이 기본을 무시하고는 공부를 결코 잘할 수 없다는 것을 명심해야 한다. 반복학습이 필요하다는 것은 알지만, 이 기본을 실천하는 학생은 많지 않다. 상위권 이상 학생들은 이 기본에 충실하고 있다. 기본을 무시했을 때 찾아오는 결과를 이미 잘 알기 때문이다. 상대적으로 중·하위권 학생들은 이 기본을 소홀히 하거나 무시한다.

중·하위권 학생들에게 자습을 시킨 후에 잘 이해했냐고 물으면 절반가량의 학생들이 다 이해했다고 한다. 다 안다고 말한다. 하지만 질문을 하거나 문제를 풀게 해 보면 결과는 엉망이다. 자기가 이해한 것만 이해한 것이기 때문이다. 자세히 공부하지도 않았거니와 더더욱 기억하기 위해 노력도 기울이지 않았다. 이해와 기억은 다른 차원이다.

겨울방학을 이용해서 성적이 비슷한 네 명의 학생을 대상으로 실험을 해 보았다. 모두 2학년에 올라가는 1학년 학생들이다.

반복학습 실험 결과

실험 목적 : 반복학습이 성적에 미치는 영향

↓

실험 과정 : 2주일 동안 2명의 학생은 수학 진도만 나갔다.
다른 2명의 학생은 단계적으로 반복학습을 했다.

↓

실험 결과 : 반복학습한 학생들의 성적이 더 우수했다.

2명의 학생에게 2주일 동안 매일 1시간 30분씩 수학 〈유리수〉, 〈식의 계산〉 파트를 차례대로 공부하게 했다. 〈유리수〉, 〈식의 계산〉 파트를 2주 분량으로 나누어 순서대로 개념과 문제풀이를 하게 했다. 나머지 2명의 학생에게는 진도를 나가면서 전날 공부한 내용을 복습하게 하고, 주말에는 전체 내용을 한 번 더 복습하는 방법으로 공부하게 했다. 그리고 2주 후 4명의 학생에게 평가시험을 보게 했다. 결과는 복습을 한 학생 2명의 성적이 더 좋게 나왔다.

앞의 2명의 학생은 〈유리수〉보다는 〈식의 계산〉 파트에서 점수가 좋았다. 이것은 계획대로 공부를 하다 보면 최근에 공부한 내용이 정답률이 좋다는 반증이기도 하다. 반면 반복학습을 한 학생들은 〈유리수〉, 〈식의 계산〉 파트에서 전체적으로 점수가 좋았다.

앞의 2명의 학생들은 평가시험 후에 이렇게 얘기했다.

"공부한 지 오래된 내용일수록 기억이 흐릿해져서 실수를 많이 했어요."

"문제를 풀다가 앞부분의 내용과 연관된 문제를 풀 때면 그 파트가 잘 생각나지 않았어요."

실험을 통해 알 수 있었던 사실은 결국 반복학습이 중요하다는 것이다. 앞의 2명의 학생도 열심히 공부했지만 원하는 점수를 얻지 못했다. 그것은 진도를 나갈 때 내용을 이해했어도 시간이 지나면서 머릿속에 제대로 기억이 되지 않았기 때문이다. 이 실험 결과를 통해 이해한 내용을 잊지 않기 위해 스스로 반복해서 공부하면서 암기해야 한다는 것을 알 수 있다.

반복은 지루함을 깨는 시간을 견뎌야 성과가 나타난다

강조하지만 여러분이 꼭 알아야 할 점은 공부를 잘하기 위해서 반복학습은 절대적으로 필요하다는 사실이다. 반복해서 보는 것을 게을리하면서 공부 잘하는 학생은 단 한 명도 없었다. 그렇다면 이렇게 중요한 반복학습을 학생들은 왜 잘 활용하지 못하는 것일까? 이 의문에 대한 답은 방법보다는 감정에 있었다.

학생들과 얘기해 보면 반복학습이 쉽지 않다고 한다. 학원 때문에 시간이 없다고 불평하는 학생이 많았다. 복습한 내용을 두 번, 세 번 보더라도 달라질 것이 없다는 학생들도 있었다. 결국 이러한 학생들이 하고 싶은 얘기는 바로 이것이었다.

"하기 싫어요."

"너무 지겨워요."

"재미가 없어요."

결론은 공부하기 싫다는 얘기다. 이유가 뭘까?

공부하기 싫은 핑계를 떠나서 반복학습을 하는 데 가장 큰 장애물은 지루함이다. 이건 어른도 마찬가지다. 일을 하든, 살림을 하든, 운동을 하든 지루한 작업이기는 마찬가지다. 하기 싫은 마음이 생긴다. 공부도 다르지 않다. 지루함과의 싸움이다. 이 지루함을 얼마나 극복해 내느냐에 따라 성과가 달라진다. 상위권 이상의 학생이라고 해서 왜 이러한 지루한 감정이 없겠는가. 이 문제점에 대해 이해하고 해결할 수 있도록 좋은 예를 들어 설명해 주도록 하겠다.

달리기를 할 때 러너스 하이(Runner's High)라고 하는 순간이 있다. 달리기를 시작하면 처음에는 힘이 안 들다가 어느 순간부터 힘이 빠지기 시작하고 지친다. 그러다가 그 순간을 넘기면 자연스럽게 달리기가 잘될 때가 온다. 달릴 때 기분이 좋아지고 팔다리가 가벼워지면서 새로운 힘이 솟으며 기분 좋은 체험을 하는 현상으로, 심리학자 아놀드 멜델이 명명했다. "아, 맞아 나도 그런 경험 있어." 하고 말하는 학생도 있을 것이다. 샘도 그 느낌을 안다. 운동을 하다가 일정시간이 지나면 몸이 가벼워지고 힘이 생기는 그런 느낌이다. 잘 생각해 보면 달리기만이 아니라 다른 종목에서도 유사한 경험이 한 번 이상은 있을 것이다.

줄넘기를 예로 들면, 매일 한 시간씩 규칙적으로 하려면 며칠 하지 못하고 포기한다. 지속적으로 하기 위해서는 자신에게 알맞은 시간을 정해 20분이나 30분씩 해야 한다. 이것도 며칠 하면 지겨워져 친구와 함께 하거나 몇 번 했는지 기록을 재거나 다양하게 동작을 바꾸어 보는 등으로 게임 요소가 들어가야 지속된다. 그래도 시간이 지나면 반복이 지겨워져서 자신의 몸이 튼튼해지고 날씬해진다는 달콤한 상상으로 달랜다. 그런데 이 과정이 지나면 신체는 드디어 모르핀을 내보내기 시작하면서 러너스 하이 효과가 나타난다. 이 이후에는 일정 분기점이 지났기 때문에 스스로 중단해야지 하고 작심해도, 쉽게 중단할 수 없는 지속성이 유지된다. 즉 신체가 원하는 상태가 된 것이다.

운동이든 음악이든 미술이든 마찬가지다. 악기를 연주하다가 일정 훈련을 반복하면 연주가 잘되어 기분이 좋고, 더 하고자 하는 욕심이 생길 때가 온다. 공부도 러너스 하이 효과와 같다.

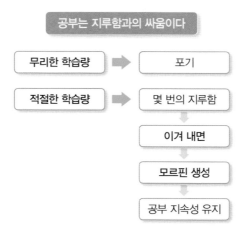

매일 일정 시간과 학습량을 채워야 하는데 무리하게 계획을 세우면 며칠 못 가 포기하고 만다. 처음에는 적더라도 자신에게 맞는 시간과 학습량으로 계획을 세워서 해도, 며칠 가면 이것마저 지루하고 지겨워진다. 친구와 함께 하거나 인터넷 강의를 듣는 등으로 바꿔야 지속성이 유지된다. 그래도 조금 더 지나면 반복이 지루하고 지겨운 건 마찬가지다. 참고 견디면서 성적이 오르는 상상을 하거나 공부를 잘해 원하는 목표를 이루는 상상으로 달랜다.

이 과정이 지나면 두뇌는 모르핀을 보내기 시작하여 러너스 하이 효과가 나타난다. 이후에는 일정 분기점이 지났기 때문에 스스로 중단해야지 하고 결심해도 쉽게 중단이 되지 않고, 공부의 지속성이 유지된다.

여러분은 이 지루한 과정을 스스로 극복해야 한다. 감정과의 싸움에서 이겨야만 한다. 그렇지 않고서는 아무리 공부해도 제자리걸음이다. 러너스 하이 효과 사례를 통해서 "아, 이런 거였구나."라고 여러분이 공부하기 싫어하는 이유와 극복하는 방법을 알고 스스로 터득했으면 한다. 그러면 반복학습에 도전해 보겠다는 자신감이 조금은 생겨날 것이다.

러너스 하이 효과에서 보듯이, 기본적으로 반복학습에 꼭 필요한 절대시간과 습관이 있다. 이번에는 습관에 대해서 얘기해 보자. 즉 수업에 충실하기, 시간관리 잘하기, 예습과 복습 실천하기 등은 꾸준함과 오랜 실천이 요구되는데, 이것은 쉽지 않아서 빨리 싫증을 내거나 지루해한다.

수업, 시간관리, 예·복습을 공부바탕(Basic)이라고 하자. 이 공부바탕이 몸에 배지 않고서는 공부를 잘할 수 없다. 특히 공부하기 싫어하는 학생들은 이 공부바탕을 갖추기가 쉽지 않아서, 공부를 싫어하거나 흥미가 없다고 생각한다.

공부바탕이 갖추어지고 나면 여기에 실질적인 반복학습을 통해 교과서 보는 방법, 노트 정리에 충실하는 능력, 이미지와 학습목표를 꿰뚫고 정리하는 능력, 문제를 분석하는 능력 등 공부기술(skill)이 필요하다. 이러한 공부기술이 성적을 올려준다. 따라서 반복학습은 공부바탕 위에 공부기술이 더해질 때 성과가 나타난다.

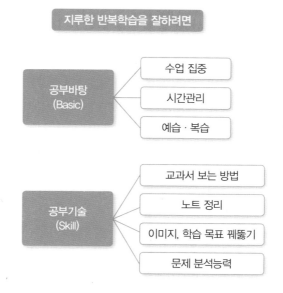

반복 횟수가 중요할까? 물론 중요하다. 뒤에서 자세히 설명하겠지만, 외형적으로만 보면 5번 반복이 4번 반복을 이긴다. 10번 반복이 9번 반복을 이긴다. 여건만 되면 반복은 많이 할수록 좋다. 어떤 방법으로 반복하느냐는 내가 반복학습을 충분히 할 수 있는 자세가 되어 있을 때 흡수가 잘 된다. 이러한 반복학습에 필요한 자세는 2장에서 다룰 것이다. 반복의 중요성도 모르고 공부에 게으름을 피우는 학생에게 반복학습의 방법만을 알려주는 것은 의미가 없다. 왜냐하면 제대로 실천하지도 못하기 때문이다.

반복 횟수의 중요성에 대한 유명한 일화가 있다.

이탈리아가 낳은 세계적인 천재 예술가로서 악마의 바이올리니스트로 불리는 니콜로 파가니니가 있다. 파가니니는 경이로운 연주로 1830년대 대중을 사로잡았던 음악가이다. 파가니니는 이렇게 얘기했다. "내가 1,000번을 연습했더니 사람들이 나를 보고 천재라고 부르더라." 공부하는 학생들도 새겨들어야 할 말이다. 중요한 사실은 반복은 지루함이 아니라 천재를 만든다.

여러분이 잘 아는 베토벤도 마찬가지다. 베토벤은 악상이 떠오르면 스케치를 해 놓고, 때로는 수년에 걸쳐 깎고 다듬었다고 한다. 음악의 천재는 반복의 천재였다. 실제 그의 악보는 하도 고쳐 써서 알아보기 힘들 정도였다고 한다. 수없이 반복해 보면서 최고의 음악을 만들기 위해 노력한 것이다. '악성(樂聖)'이란 칭호는 그냥 얻은 게 아니었다.

반복이 지루하다고 느껴져서 반복학습을 게을리하는 학생들은 처음부터 무리해서는 안 된다. 이 유형의 학생들은 반복의 중요성을 알 때까지 기본인 교과서에 충실해야 한다. 교과서에 나오는 개념을 반복해서 익히면서 기초 사고력을 키워 문제에 접근해야 한다. 이 학생들은 공부에 대해서 깊게 고민하는 학생들이 아니기 때문에 수준에 맞지 않는 문제집을 풀려고 하거나, 요점 정리 위주의 참고서를 더 선호하다 보니 제대로 된 공부가 안 된다.

먼저 교과서를 보는 능력부터 키워야 한다. 예를 들면 한두 과목의 전략 과목을 선정한다. 전략 과목이란 자신이 꼭 성적을 올리고 싶은 과목이라고 생각하면 된다. 이 과목들을 집중공략해서 성적을 올리는 방법이다. 자신이 잘할 수 있는 과목에 집중해서 더 잘해서 성취욕을 불러일으키는 것이다.

이렇게 반복학습을 통해 중위권에서 상위권으로 올라간 중학교 2학년 학생들은 이렇게 얘기했다.

"확실히 반복해서 볼수록 기억에 많이 남더라고요."

"지난 시험보다 반복 횟수를 늘렸더니 성적이 올랐어요. 그래서 반복적으로 공부하는 게 진짜 공부에 도움이 되는구나를 느꼈어요."

여러분 주변에 나보다 공부 잘하는 친구들을 보라. 만약 5등인 친구가 5번 반복한다면 나는 6번 반복해야 이긴다. 수치상으로는 그렇다. 5등인 친구보다는 1등인 친구의 반복학습 횟수가 많을 것이다. 일단 반복학습 방법은 둘째치고 반복 횟수가 등수를 가른다는 생각이 마음속에 확고하게 자리 잡고 있어야 한다. '아, 반복학습이 중요하고 실천해야겠다.'라는 생각을 가져야 한다.

여러분이 성적을 올리고 싶다면 우선 반복학습의 횟수를 정하고 계획을 세워서 공부를 해야 한다. 무엇보다 나도 제대로 반복학습을 하며 성적을 올릴 수 있다는 자신감을 가져야 한다.

반복학습을 통해 좋은 성적을 유지하는 학생들의 특징을 살펴보면 대부분 자기만의 스타일로 배운 내용을 여러 번 반복했다. 작년에 인터뷰했던 전교 1등인 중3 남학생은 이렇게 얘기했다.

"모든 과목을 철저하게 공부해 완벽하게 이했다고 해도 반드시 여러 번 반복학습을 해야 쉽게 잊히지 않아요. 반복할 때는 틀렸거나 힘들게 이해했던 부분을 먼저 가려 내고, 이 부분을 중점적으로 공부하는 것이 좋아요."

지루함을 이길 수 있는 것은 흥미다. 공부에서 흥미를 강조했던 이 학생은 목표가 뚜렷했고, 자기 주관이 뚜렷했다.

"어떤 문제집을 보든, 프린트를 보든지 간에 항상 모든 개념은 교과서 안에 등장해요. 시험 공부를 한답시고 이해도 되지 않는 프린트를 무작정 외우는 학생들을 보면, 왜 공부를 하는지 정말 이해가 가지 않아요. 공부를 하기 위해 암기를 하는 것인지, 암기를 하기 위해 공부를 하는 것인지……. 흥미가 없으면 어떤 것이든, 심지어 좋아하는 게임도 오래 할 수 없다고 생각해요."

흥미를 느껴서 하는 공부와 억지로 하는 공부는 과정과 결과가 다르다. 흥미라는 정서가 포함된 학습은 두세 번의 반복학습만으로도 두뇌의 장기기억 영역에 저장되지만, 억지로 학습한 내용은 10번, 20번 반복학습해도 장기기억 영역에 저장된다는 보장이 없다. 저장 기간도 다르다. 흥미를 가지고 학습한 내용은 오래가지만, 억지로 외운 내용은 계속 반복해서 외우지 않으면 얼마 가지 않아 기억에서 사라진다. 시험시간에 흥미를 가지고 학습한 내용은 회상이 정확하고 빠르지만, 억지로 외운 내용은 회상능력이 떨어진다. 작은 목표를 세워 성취감을 이루면 흥미가 싹트고, 또다시 목표를 정해 성취감을 이루면 더 큰 흥미가 찾아온다.

집중해서 본 5번의 반복이 건성으로 본 10번의 반복을 이긴다

앞에서 반복 횟수의 중요성에 대해서 살펴보면서 여러 번 반복을 해야 기억이 되고 학습능률이 올라간다는 사실을 알았다. 하지만 엄밀히 말하면 횟수가 중요한 것은 아니다. 이번 장에서는 이 부분에 대해서 집중적으로 얘기해 보겠다.

여러분도 공부하면서 반드시 거쳐야 하는 과정이 반복학습이다. 반복학습을 시작하려 할 때 몇 가지 질문들이 나올 수 있다. 먼저 이런 질문을 할 것이다.

"왜 반복해야 하는 거죠?"

반복학습을 하는 이유에 대한 질문을 먼저 한다. 그리고 다음의 질문이 이어진다.

"그렇다면 공부하면서 몇 번을 반복해야 하는 거죠?"

반복 횟수에 대한 질문이다.

이 책을 읽는 중학생들은 '인간은 망각의 동물이다.'라는 말을 한 번쯤은 들어봤을 것이다. 천재가 아닌 이상 한 번 보고, 한 번 들은 내용을 오래 기억할 수 없다. 인간은 원래 잘 잊는 동물이다. 공부 또한 망각과의 싸움이다. 학생들을 보면 공부는 제대로 안 하면서 머리가 나쁜 탓만 하고 있다. 머리가 나쁜 것이 아니라 주기적으로 복습을 안 해서 공부를 못한다고는 생각하지 않는다. 어떤 학생은 외워도 자꾸 잊어버린다고 하는데, 그럼 한 번 더 외우면 된다.

보고 들은 내용을 2~3회 정도 반복한다고 해서 확실하게 기억되지는 않는다. 단 어떤 상황에서 한 번에 강렬하게 기억된 내용은 평생을 가기도 한다. 그런 경우가 아니라면 수차례 반복해야 한다. 사람에 따라 반복의 횟수가 다르다. 반복 횟수는 복습을 통해 스스로 파악해야 한다. 평균적으로 보면, 같은 내용을 최소 5~10번 정도 집중해서 반복하면 완벽하게 또는 오래도록 기억할 수 있다. 따라서 교과서도 평균 5번 이상 읽으면서 이해하고 암기하는 것이 좋다.

이때 주의할 것은 한자리에서 지속적으로 5번 반복해서 보는 것이 아니다. 또 1번 복습하고 10분 쉬었다가 다시 복습하는 것이 아니다. 시간을 가지고 주기적으로 봐야 한다는 의미다. 하루 후에 그리고 3일 후에 그리고 일주일 후 등으로 시간 차를 두고 반복하라는 의미다.

스페인어를 1년만 공부하고 C학점을 받았던 사람과 3년 공부하고 A학점 받았던 사람들을 대상으로 50년이 지난 뒤 검사를 했을 때 3년 공부하고 A학점 받았던 사람들이 더 잘 기억했다고 한다. 오래 기억하려면 분산학습을 해야 한다. 즉 같은 횟수라면 종합하여 반복하는 것보다 일정 시간의 범위에 분산, 반복학습하는 것이 효과적이라는 말이다.

공부라는 것은 원래 수업시간이나 자습시간에 이해한 내용을 시간이 지나면 잊고, 다시 반복하면서 조금 더 기억하는 과정이다. 또다시 일정 내용을 잊고 다시 반복하면서 조금 더 기억된다. 시간이 지나면 또 잊고 다시 반복해서 조금 더 기억되는 과정이 공부인 것이다.

여기서 한 가지 알아야 할 사실이 있다. 학생들의 수준에 따라 어떤 내용(예를 들면 아주 뻔한 내용)은 한 번 공부로 반복이 필요 없이 기억되기도 하지만, 어떤 내용은 3번, 어떤 내용은 5번, 어떤 내용은 10번까지 반복해야 기억되는 내용이 있기 마련이다.

경험적으로 보면 공부를 잘하는 학생들은 이 과정에 충실했다. 어떤 방법으로든 복습 횟수가 많았다. 공부를 잘하면 잘할수록 반복학습에 인색하지 않았다. 더 중요한 건 성적이 우수할수록 횟수도 중요하지만, 밀도 있게 반복학습을 한다는 것이다.

"밀도 있게 반복학습을 한다는 것은 어떤 의미예요?"

궁금해서라도 당장 이런 질문이 나와야 한다. 왜냐하면 반복학습을 할 때 밀도학습이 굉장히 중요하기 때문이다.

반복학습 하면 떠오르는 그래프가 있다. 우선, 다음 그래프를 보자.

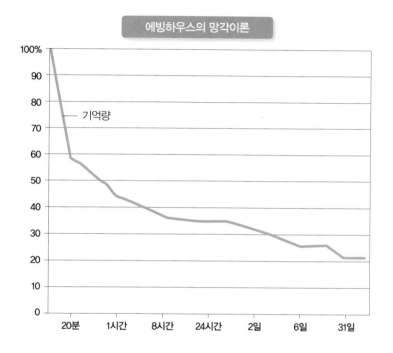

1885년에 독일의 심리학자 에빙하우스가 발표한 망각이론이다. 학습법에서 많이 인용되는 이론으로, 어렴풋이나마 한 번쯤은 들어 보았을 것이다. 에빙하우스는 스스로 피실험자가 되어 DAX, BUO, LOC와 같은 자음, 모음, 자음의 무의미한 단어를 학습한 후 얼마나 오랫동안 이 단어들을 기억하는지를 실험했다.

무의미한 철자를 학습한 지 10분이 지나면서부터 망각하기 시작해 대략 20분 후에는 42%, 1시간 후에는 56%, 하루 후에는 66%, 1주일 후에는 75%, 1달 후에는 80% 이상을 잊어버린다는 결과를 도출했다.

자료가 유의미한 경우의 학습 속도 향상에 관한 실험도 했다. 이 실험에서 유의미한 기억이 무의미한 기억보다 10배는 더 효과적이었다는 것도 밝혀 내었다. 바이런의 〈돈 주앙(Don Juan)〉이라는 시 구절로 실험했는데, 무의미한 철자로 이루어진 같은 길이의 시 구절과 비교해 실험해 보았더니, 〈돈 주앙〉의 시 구절을 10배 이상 더 효과적으로 기억할 수 있다고 한다.

분명한 건 에빙하우스의 망각곡선을 근거로 기억을 유지하기 위해서 반복학습이 필요하다는 사실을 알 수 있다. 망각되었다는 의미가 공부한 내용을 완전히 다 잊었다는 의미는 아니다. 그렇기 때문에 잊어버리지 않기 위해서 적절한 시점에 적절한 반복이 필요하다. 시험을 준비하는 학생에게는 꼭 필요한 방법이다.

이것은 에빙하우스의 망각곡선을 이해하면 더욱 확실해진다. 에빙하우스의 망각곡선에서 보다시피 망각은 처음에 급속히 진행되고 시간이 흐르며 서서히 진행된다. 2~3일 뒤에 기억하는 것이나 한 달 뒤에 기억하는 것이나 큰 차이가 없다. 따라서 직후복습과 하루가 지나기 전에 복습을 하는 것이 중요하다. 공부를 잘하기 위해서는 적절한 반복의 주기가 필요하다는 뜻이다.

학생들마다 기억이 사라지는 속도가 모두 다르다. 따라서 나에게 맞는 적절한 시점과 횟수를 아는 것이 필요하다. 이것은 공부하면서 체크해 보면 알 수 있다. 기억이 사라지는 속도의 원인으로는 기억력, 암기 내용, 목표의식, 학습동기, 학습환경, 주의집중도, 수면 등이 있다. 내가 이중에 어떤 것에 영향을 많이 받는지를 살펴서 그 부분에 노력을 기울이면 좋은 성과로 이어질 것이다.

에빙하우스 망각곡선을 사례로 들면서 반복학습이 중요하다는 것을 충분히 얘기했고, 이제부터 말하고 싶은 핵심을 얘기하겠다.

복습은 시간과 횟수보다 기억의 밀도가 훨씬 중요하다. 밀도 있게 공부한다는 의미는 복습에 열중하는 마음가짐의 농도로 해석할 수 있다. 다른 잡념 없이 오직 내가 하고 있는 공부에 집중해서 목표량을 달성하는 것이 중요하다. 이렇게 한 공부는 앞으로 공부하는 시간도 줄이고, 반복 횟수도 줄이지만 기억은 오래가게 한다.

높은 밀도로 기억된 것은 한 번 보고도 평생 기억할 수 있고, 낮은 밀도로 기억되면 10번을 반복해서 본다고 해도 제대로 기억되지 않는다. 따라서 성의 없이 10번 반복해서 본 것보다 밀도 있게 5번 반복해 본 것이 훨씬 기억에 오래 남을 수 있다.

앞에서도 얘기했지만 강렬하게 기억된 것은 오래간다. 예를 들면 선생님이 나에게 갑작스럽게 질문해서 당황했던 내용이나, 내가 직접 시험 문제를 뽑았던 내용은 다른 내용보다 기억이 오래간다. 공부를 효과적으로 하기 위해서는 공부할 때 최대한 집중해서 목표한 학습량을 끝내고자 하는 마음과 실천이 무엇보다 중요하다.

단순한 기계적인 되풀이를 넘어서는 공부감각을 발휘하자

학생들의 성적과 복습하는 횟수는 비례한다. 시간의 양과도 비례한다. 복습의 중요성을 여러분에게 쉽게 이해시키도록 하기 위해 다음의 내용으로 표를 만들어 보았다.

중학교 2학년 7교시 수업시간표를 기준으로 했고, 복습시간은 샘이 경험적으로 추리해서 정해 보았다. 횟수는 주기적인 복습 횟수이고, 4회로 한정지었다. 학생의 수준은 하위권, 중위권, 상위권, 최상위권으로 나눠 학교수업이 끝난 후 반복학습을 하는 횟수와 시간을 알아보았다. 이를 통해 반복학습의 횟수와 시간은 성적과 밀접하게 관련이 있음을 알 수 있다. 여러분도 이 표를 보면서 반복학습의 중요성을 알고 의미를 이해했으면 하는 바람이다.

학생 수준	하위권	중위권	상위권	최상위권
학교 수업	7교시	7교시	7교시	7교시
1회 복습	30분	1시간	2시간	3시간
2회 복습	×	30분	1시간	2시간
3회 복습	×	×	30분	1시간
4회 복습	×	×	×	30분
총 복습 시간	**30분**	**1시간 30분**	**3시간 30분**	**6시간 30분**

이 표에서 보면 하위권은 1회 복습만 하고 30분을 투자한다. 중위권은 2회 복습을 하고 1시간 30분을 투자한다. 상위권은 3회 복습에 3시간 30분, 최상위권은 4회 복습에 6시간 30분을 투자한다. 수준에 따라 학생들을 지도해 보면 수치상으로 약간 달라질지라도 복습 횟수와 시간에 대해 이런 양상을 보인다. 이 표는 그만큼 반복 횟수와 학습량이 공부할 때 중요하다는 것을 의미한다.

학생들을 지도해 보면 공부머리는 선천적으로 타고나기도 한다는 것을 아예 부정할 수 없음을 느낀다. 하지만 후천적인 노력에 의해 만들어지는 경우도 많다. 앞에서도 얘기했지만 공부를 잘하는 근본은 이해력이다. 한 번 들으면 척척 이해하는 학생들을 쉽게 따라잡기는 힘들다. 거기에 후천적 노력인 효율적인 반복학습이 더해지면 그 힘은 더욱 강력해진다. 성적이 좋으면 좋을수록 무한 반복학습에 가깝게 공부를 했다. 열이면 열, 모두가 그러했다. 그 정도로 우리나라 학생들은 반복학습을 공부의 주요 방법론으로 활용하고 있다.

　그런데 반복학습이라고 해서 단순히 하루 종일 혹은 일주일 내내 교과서의 같은 내용을 읽으면서 외우는 것이 아니다. 반복학습을 할 때 주의할 점은 무작정 기계처럼 반복학습을 하는 경우 공부 효과가 떨어질 수 있다는 것이다. 기계적인 반복학습으로는 중위권 성적 정도의 유지나 가능할 것이다. 상위권 이상으로 올라가려면 효율적이고 영리한 반복학습을 해야 한다.

　그렇다면 어떻게 반복학습을 해야 할까? 어떻게 하면 반복학습 효과를 더욱 극대화시킬 수 있을까? 이것이 반복학습에 있어서 중요한 문제다. 기계적인 반복이 아닌, 효과적인 반복학습이 되기 위해 몇 가지 주의할 점을 살펴보도록 하자.

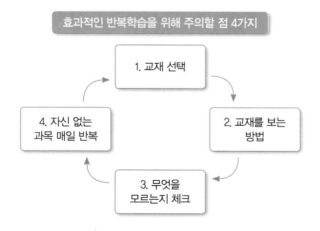

효과적인 반복학습을 위해 주의할 점 4가지

1. 교재 선택
2. 교재를 보는 방법
3. 무엇을 모르는지 체크
4. 자신 없는 과목 매일 반복

첫째, 교재 선택

반복학습을 할 때 교과서나 기본서로 반복하는데, 같은 교재로 반복하는 것이 효과적이다. 학생 수준에 따라서 교재 수준도 달라질 것이며, 선행을 하게 되면 선행학습 교재도 필요하게 된다. 사실 학교 시험 준비는 교재 내용이 대체로 비슷하기 때문에 자기 수준에 보기 편하고 이해하기 쉽게 되어 있으면 된다. 교재 선정에 자신 없으면 학교 선생님이나 학원에서 추천해 주는 교재를 선택해도 좋다.

수학의 경우 문제집을 선정할 때에는 개념 정리가 잘 되어 있고, 문제가 기본 개념 이해부터 유형별, 수준별로 분류되어 있는 것으로 선택하면 된다. 중·하위권 학생들은 너무 어려운 문제 위주로 되어 있는 것보다 자기 실력보다 30% 정도 어려운 문제로 구성되어 있는 것을 선택한다. 교과서가 기본 교재임은 당연하다. 상위권 이상 학생들은 심화문제까지 터치할 수 있도록 A급 수학, 최고위 수학 등의 문제집도 다루어 보면 좋다.

둘째, 횟수가 반복됨에 따라 교재를 보는 방법

같은 교재로 반복하더라도 매번 다른 학습 효과가 나타나도록 공부해야 한다. 매번 볼 때마다 진전 없이 보기만 한다면 시간 낭비에 불과

하다. 이해와 기억의 완성도가 점점 높아져야 한다. 다음과 같이 반복 학습을 하면 좋다. 4회 반복까지만 해보겠다.

첫 번째 볼 때 : 처음 보기 때문에 낯선 내용일 수밖에 없다. 가볍게 훑어 보는 방법이 있고, 자세히 정독하는 방법이 있다. 어떤 방법으로 하든 이해가 안 되는 부분이 있으면 체크해 놓고 넘어간다. 한 번에 모두 이해하려고 하지 않는다. 이것은 두뇌가 원하는 방법도 아니다.

두 번째 볼 때 : 처음 볼 때보다 약간 익숙해져서 아는 내용은 빠르게 읽어 나가고, 이해가 안 되었던 내용에 집중한다. 개념의 흐름이 어떻게 되고, 어떤 개념들이 등장하는지 핵심어를 놓치지 않는다.

세 번째 볼 때 : 교재를 구석구석 보면서 개념 이해를 정확히 머릿속에 기억해야 하며, 어떤 내용이 어디에 있는지 알 수 있을 정도로 살펴본다. 아직도 이해가 안 되는 내용이 있다면 크게 표시를 해 둔다.

네 번째 볼 때 : 이때부터 시험에 나올 만한 중요한 내용은 요약 정리가 되어 있어야 하며, 또한 설명 가능한 내용과 설명이 부족한 내용을 구분해야 한다. 아직 설명이 부족한 내용은 또 다시 반복해서 기억해야 한다. 그래도 모르는 내용은 계속 반복해야 한다.

이런 식으로 반복 횟수가 거듭될수록 중요한 내용과 이해가 안 되는 내용뿐만이 아니라, 사실상 교과서의 모든 내용이 머릿속에 들어 있을 정도가 되어야 한다.

넷째, 자신이 무언을 모르는지를 체크

두 번째에서 강조하였지만, 교재를 반복해 보면서 무슨 내용이 어디에 있는지 알 정도로 집중해서 봐야 한다. 앞의 표(58 페이지)에서 학생들의 수준별 차이가 단순히 반복 횟수와 시간의 양만 다른 것이 아님을 알았다. 그 시간 동안 몰입(집중)의 차이도 분명히 있다는 사실이다. 아는지 모르는지에 집중하면서 진짜 암기해야 하는 내용을 압축하고, 도저히 외워지지 않는 내용들만 계속 반복해서 암기를 시도해야 한다. 자신이 무엇을 알고, 무엇을 모르는지를 인식하지 못하면 아는 것만 반복하고 모르는 것은 회피하게 된다. 그렇게 되면 당연히 좋은 성적이 나올 리 없다. 이미 알고 있는 것만 생각하고, 모르고 있는 것을 인지하지 못하는 상황이 되어서는 곤란하다. 교과서의 사소한 내용까지 반복해 보면서 이해하고 암기해야 한다.

넷째, 자신 없는 과목은 매일 반복

자신 없는 과목이나 취약한 과목은 매일 조금이라도 일정시간을 할

애하여 반복해야 한다. 읽기를 반복하고 정리를 반복해야 하는데, 교재를 읽으면서 나만의 언어로 재정리하는 것이다. 교과서에 하든 노트에 하든, 정리해 놓고 그것을 몇 번씩 읽으면서 기억해야 한다. 자신이 스스로 정리한 노트를 반복해서 읽는 것이 효과적인 학습 방법이다.

상위권 이상의 학생들은 반복되는 빈도수로 인해 내용을 좀 더 자세히 이해하고 알아갔다. 그렇게 함으로써 그 과목과 더욱 친숙해지면서 자신감과 흥미를 가지고 공부하게 되었다. 따라서 못하는 과목이라고 회피하지 말고 잘할 수 있다는 마음으로 매일 조금씩 반복해서 도전해 보면 분명히 만족스러운 결과를 얻게 되는 순간이 올 것이다. 공부에서 긍정적인 마음이 중요하다는 것은 과학자들도 강조하고 있다. 즐거운 마음으로 공부를 하면 해마와 전두엽이 활성화돼 학습능률이 올라간다. 목표를 정했으면 긍정적인 마음으로 공부하는 것을 잊지 말자.

효과적인 반복학습의 7가지 방법

1. 학교수업에 충실한다.

2. 수업을 들은 후 자투리시간을 활용해 배웠던 내용을 훑어 본다.

3. 매일 반복학습을 하는 시간을 정해 둔다.

4. 자신에게 맞는 교재를 선택한다.

5. 기계적인 반복이 아니라 집중하여 밀도 있는 학습을 한다.

6. 자신이 알고 있는 것과 알지 못하는 내용을 정확히 파악한다.

7. 자신 없는 과목은 매일매일 반복학습한다.

Part 02

반복학습을 위해 꼭 갖추어야 할

자세

주간계획을 토대로 반복할 수 있는 시간과
그에 따른 학습량을 확보해야 한다.
또한 무리한 선행학습보다 현재 공부하는 복습에
힘을 쏟는 것이 현명하다.

책상 앞에 앉아 정해진 시간 내에 학습량을 소화하는 습관부터 반복하자

반복학습을 위해서 기본으로 갖추어야 하는 세 가지 습관이 있다. 첫째, 책상 앞에 앉아 있는 습관이다. 둘째, 시간을 낭비하지 않는 습관이다. 셋째, 정해진 학습량을 끝내는 습관이다. 이 세 가지 기본을 갖추어야 구체적으로 반복학습을 어떻게 해야 할지에 대해 얘기할 수 있다. 이 세 가지 중에서 전부 또는 일부가 부족하다면 부족한 부분은 꼭 채워야 한다. 그래야 공부를 잘할 수 있다.

반복학습을 위한 기본 습관 3가지

1. 책상 앞에 앉아 있는 습관	2. 시간을 낭비하지 않는 습관	3. 정해진 학습량을 끝내는 습관

첫 번째 습관_ 책상 앞에 앉아 있는 습관

조사에 의하면 상위권 이상 학생들의 자기주도학습시간은 평균 4시간이었다. 휴일에는 여기에 2배인 8시간 이상을 확보한다. 여기서 말하는 자기주도학습시간이란 책상 앞에 앉아 스스로 세운 계획에 따라 자습하는 시간을 말한다. 당연히 학교수업이나 학원수업은 제외된다.

현재 내가 책상 앞에 앉아 있는 자습시간이 하루 평균 4시간보다 현저히 적다면 가장 기본적인 공부습관에 문제가 있다고 보면 된다. 학원에 다니는 것 때문에 자습시간이 부족하다면 과감히 학원을 정리해야 한다. 공부의 시작은 책상 앞에서 시작한다. 책상 앞에 앉아 스스로 공부하는 시간이 평균 1~2시간이라면 하루라도 빨리 책상에 앉아 있는 시간부터 늘려야 한다.

책상 앞에 앉아 있는 시간이 부족한 학생은 조금씩 시간을 늘려가면서 공부를 해 보자. 하루에 1시간 정도 책상 앞에 앉아 자습하던 학생이 갑자기 3시간, 4시간씩 앉아 공부하는 계획을 세우면 오래가지 못한다. 일주일 동안은 30분씩 늘리고 다음 일주일은 1시간씩으로 늘리는 식으로 해야 한다. 그리고 다음 일주일은 1시간 30분씩 이렇게 늘려가는 것이 바람직하다.

다시 강조하지만 여러분이 공부를 잘하고 싶다면 무조건 책상 앞에 앉아 있는 습관부터 길러야 한다. 이것은 공부를 제대로 하기 위해 반드시 해야 할 준비운동이라고 생각하자. 우리가 달리기를 제대로 하려면 그 전에 무엇을 할까? 또는 수영하기 전에 무엇을 할까? 준비운동으로 스트레칭을 기본으로 하는데, 그와 같은 거라고 생각하자. 스트레칭을 충분히 해야 달리기와 수영을 잘할 수 있는 것처럼, 공부도 책상 앞에 앉아 있는 시간이 충분해야 잘할 수 있다. 이것이 기본이다. 공부하는 학생이라면 책상 앞에 앉는 것이 자연스러워야 한다. 책상 앞이 여러분의 꿈, 목표, 판타지로 이끌어줄 공간이라고 생각하자.

두 번째 습관_ 시간

시간은 아무리 강조해도 지나치지 않을 정도로 중요하다. 시간을 규칙적으로 활용하는 자세가 필요하다. 자신에게 주어진 공부시간을 효과적으로 쪼개 사용하는 지혜를 가져야 한다. 시간 활용에 대해 도움이 되는 한의사 가족 이야기를 한 번 보자.

이 한의사 가족은 생활습관이 남달랐다. 오후 9시면 텔레비전을 끄고, 전화기 코드를 뽑아 놓고 가족 모두가 잠을 잔다. 그리고 새벽 3시에 일어났다. 당시 중학생 자녀들은 3시에 일어나서 공부를 시작했다. 물론 부모도 책을 보거나 각자의 일을 했다.

새벽에 일어난 중학생 자녀들이 공부할 때 원칙이 하나 있었다. 학교수업과 똑같이 하는 것이다. 무슨 말이냐 하면 50분 책상 앞에서 공부하고 10분 쉬기를 반복하는 것이다. 시계를 맞추어 놓고 50분마다 울리게 해 놓았다. 10분 쉬는 동안 가벼운 스트레칭을 통하여 두뇌와 몸의 혈액순환을 원활하게 할 수 있도록 했다. 이렇게 중학교 시절부터 대학입학까지 몇 년을 이런 생활습관 속에서 살았다. 결과는 자녀들 모두 서울대학교에 합격했다.

이런 생활습관을 몸에 배게 하면 하루가 길다. 지금의 현실에서 이런 결단을 내려서 실천하기란 쉽지 않다. 가족 모두가 동참해야만 하기 때문이다. 하지만 여건이 많이 나쁘지 않고 마음만 굳게 먹는다면 못할 것도 없다고 생각한다.

작년과 재작년에 서울대에 합격한 2명의 학생들의 얘기를 들어 보자. 이 2명의 학생이 강조한 것도 결국 시간을 아껴 반복학습을 하라는 내용이었다.

기태경 한일고 누석, 2012학년도 서울대 합격

공부의 왕도는 성실과 반복에 있다. 목표를 정하고 시간 내 목표량을 끝마치도록 노력해라. 하루에 12시간 이상 밥 먹고 자는 시간만 빼고 모두 공부에 시간을 투자한 적이 있는지 스스로에게 엄격히 물어봐라.

이민홍 2013학년도 수능만점

이민홍 군이 1월 15일 방송된 KBS 2TV '1대100'에 출연했을 때, 방송에서 MC가 "하루에 몇 시간 정도 공부했느냐."고 물었다. 이에 이민홍 군은 "그냥 아침 8시에 등교해서 밤 12시까지 공부만 했다. 식사시간 빼고는 계속 공부했다."라고 말했다.

공부계획을 세울 때 자신이 감당할 수 있는 복습시간을 꼭 정해 놓아야 한다. 복습시간이란 그날 수업한 내용을 복습할 수 있는 시간을 말한다. 가끔 이해할 수 없는 학생들이 있는데, 그날 수업한 내용은 거의 복습을 안 하고 학원숙제 내지는 새로운 내용을 공부하는 데 시간을 모두 사용해 버리는 것이다. 아주 바보 같은 짓이다.

학생들의 시간계획표를 점검해 보면 오늘 수학시간에 방정식을 배웠다면 방정식에 대한 복습시간이 있어야 하는데, 함수를 공부하겠다고 적혀 있는 것이다. 방정식을 복습하겠다는 내용은 어디에도 없다.

또는 오늘 학교에서 영어시간에 수동태에 대해서 배웠다면 복습은 수동태 위주로 해야 하는데, 가주어나 진주어를 공부하겠다고 시간계획을 세워 놓는 경우다. 이 또한 잘못된 학습 방법이고 시간관리다. 함수나 가주어, 진주어에 대한 공부는 방정식과 수동태를 복습하고 남는 시간에 해야 한다.

또한 주중 시간표에서 뭉치시간에 학원숙제로 가득 차 있는 경우도 많다. 숙제는 숙제일 뿐이다. 복습할 시간에 학원숙제로 시간을 낭비하지 말자. 학원숙제가 공부에 전혀 도움이 안 된다는 것은 아니지만, 학원 숙제는 자투리시간에 조금씩 해 두자. 영어나 국어는 독해가 많기 때문에 자투리시간 활용이 힘들어도, 수학은 얼마든지 가능하다. 10분 동안 몇 문제는 풀 수 있다.

이처럼 시간 활용을 잘못하면 충분한 시간을 공부해 놓고도 성적이 안 나오는 가장 큰 이유가 된다.

세 번째 습관_ 학습량

사실 학생들마다 기본 학습시간이 1시간이라도 개인 차에 따라서 40분이 될 수 있고, 1시간 10분, 1시간 30분이 될 수 있다. 따라서 예를 들면 수학 문제를 풀 때 1시간 분량인데 내가 개념 이해가 부족해 못 채우는 건지, 집중력이 부족해 못 채우는 건지, 문제 푸는 속도 등으로 늦는 것은 아닌지 점검해 보아야 한다. 성적을 올리려는 목표를 정했다면 가장 먼저 지금까지의 학습시간과 학습량을 점검해야 한다. 일주일 동안 주중에 공부했던 시간과 학습량, 주말과 휴일에 공부했던 시간과 학습량을 계산해 보아야 한다. 계산할 때 자투리시간은 제외하고, 하루에 공부할 수 있는 가용시간(뭉치시간)을 계산해 보자. 주중에 평균 학습시간이 4시간이라고 한다면, 4시간 동안 공부했던 학습량을 과목별로 꼼꼼히 점검해야 한다. 점검이 끝났으면 내가 학습량이 부족한 건지, 반복학습이 부족한 건지를 알아보아야 한다. 학습량은 적당한데 반복학습에 문제가 있다면 반복학습의 방법을 익혀야 한다. 학습량이 부족하다고 하면 학습량을 늘리면서 동시에 반복학습을 해야 한다. 성적을 올리기 위해서 내가 부족한 부분을 스스로 알아내야 한다. 만일 학습량만 늘리고 반복학습을 게을리하면 원치 않은 결과가 나올 가능성이 크다.

공부할 때 벼락치기는 금물이고, 평소 꾸준히 학습량을 유지하면서 반복학습해야 한다. 결론적으로 적절한 학습량을 기반으로 해서 반복학습을 하는 게 바람직하다.

실천할 수 있는 반복학습 계획표로 시험 준비를 일주일 전에 끝내자

반복학습을 잘하기 위해서는 학습목표를 잘 세워야 한다. 교과서 단원마다 학습목표가 있듯이 반복학습도 학습목표를 구체적으로 세워서 실천해야 한다. 공부하는데 계획을 세워 반복하는 습관은 상당히 의미가 있다. 계획 없이 그때그때 생각나는 대로 공부하면서 좋은 점수를 받겠다는 것은 너무도 큰 욕심이다.

학생들과 상담해 보면 처음 의욕을 가지고 만든 계획표대로 실천하는 학생은 거의 없었다. 일주일 아니 3일 이상 지키기 힘들었다. 그래서 작심삼일이라고 했나 보다. 계획대로 실천하지 못하는 이유가 무엇일까? 무성의한 계획이나 무리한 계획 혹은 자신에게 맞지 않는 계획 때문이다. 이러한 계획은 대부분 며칠을 가지 못한다. 중요한 건 이를 반복한다는 데 문제가 있다는 것이다. 계획 오류를 반복해서 의욕도 상실하고 시간도 허비하는 습관은 그만 해야 한다.

특히 계획을 꼼꼼하게 세워 100% 실천하는 공부의 신들을 무작정 따라 하는 것은 99% 실패다. 최상위권 학생들 중에서도 일부 학생들은 분단위로 시간을 쪼개 계획하고 실천하지만, 나머지 학생들은 자신에게 맞는 간편한 계획을 세워서 실천한다.

계획은 일일계획에 초점을 맞추기보다는 주간계획에 맞추어야 한다. 주간계획이 기본 베이스가 되어야 한다. 실질적으로 계획은 일주일 단위로 반복되도록 하는 것이 효과적이다. 주간 전체 학습시간이나 학습량에는 큰 변화가 없다. 단지 과목별 상황과 시간만 약간씩 변동될 따름이다. 일일계획은 주간계획을 기본으로 해서 구체적인 시간과 학습량을 분배하고 배치하면 된다.

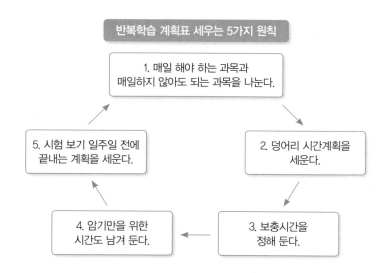

반복학습 계획표 세우는 5가지 원칙

1. 매일 해야 하는 과목과 매일하지 않아도 되는 과목을 나눈다.

2. 덩어리 시간계획을 세운다.

3. 보충시간을 정해 둔다.

4. 암기만을 위한 시간도 남겨 둔다.

5. 시험 보기 일주일 전에 끝내는 계획을 세운다.

반복학습 계획표를 세우기 위한 다섯 가지 원칙을 살펴보도록 하자.

첫째, 매일 해야 하는 과목과 매일 하지 않아도 되는 과목을 나눈다.

보통은 매일 하는 과목으로 영어와 수학을 꼽는데 꼭 이렇게 할 필요는 없다. 매일 해야 하는 과목으로 취약 과목을 선택하고, 매일 하지 않아도 되는 과목은 자신 있는 과목으로 나눌 수도 있다.

조금씩이라도 매일 해야 하는 과목을 영어, 수학, 독서라고 한다면 나머지 과목들은 적절하게 배분하면 된다. 특별한 일이 없는 한 영어, 수학, 독서는 일주일 동안 조금씩이라도 매일 한다. 그렇다면 국어, 사회, 과학, 한자 과목은 매일 하지 않아도 되는 공부다. 하지만 이 과목들의 계획도 세워야 한다.

다음 일주일을 떠올려 보면서 어떻게 계획을 세울지 생각해 보자. 예를 들면, 국어수업이 있는 월요일에는 국어 복습이라고 계획을 세운다. 역사수업이 수요일에 있는데, 역사가 어렵게 느껴지면 화요일에 역사 예습을 하겠다고 계획을 세운다. 금요일에 과학수업이 있다면 마찬가지로 과학 복습이라고 계획을 세우면 된다. 한자의 경우에는 화, 토에 하기로 계획을 세워 둔다. 이러한 계획은 머릿속으로 생각하지만 말고, 종이에 적으면서 계획을 세워 보자. 그러면 이렇게 정리할 수 있다.

매일 해야 하는 과목 : 영어, 수학, 독서

매일 하지 않아도 되는 과목 : 국어 · 월요일에 복습

역사 · 화요일에 예습

과학 · 금요일에 복습

한자 · 화, 토요일

이렇게 주간계획의 그림을 그리고 계획표나 달력에 표시해 놓으면 된다. 일일계획은 구체적으로 학습량을 정하면 된다. 2~3주 하다가 상황에 따라 과목이 수정될 수 있다. 일주일 정도 해 보고 수정할 수도 있다. 예를 들어 과학 과목에서 어려운 단원을 수업한다면 과학 과목을 매일 하는 과목으로 바꿀 수도 있다.

만일 국어나 과학이 취약 과목이어서 매일 해야 하는 과목으로 할 경우 영어나 수학을 매일 하지 않아도 되는 과목으로 옮기려고 할 수도 있다. 그러기보다는 영어나 수학 복습시간을 아예 빼지 말고 시간을 줄여서 과학을 공부하는 시간을 만들어 두고 영어나 수학도 매일 한다.

둘째, 시간 순서대로 계획을 세우거나 과목별로 계획을 세우지 말고 덩어리 시간계획을 세운다.

하루를 세 덩어리 혹은 네 덩어리로 나누어 한 덩어리 안에서 구체적인 계획을 세우는 방법이다. 하루를 세 덩어리로 나눈다면 학교에

있을 때를 한 덩어리, 수업 마치고 8시까지를 한 덩어리, 8시부터 12시까지를 한 덩어리로 구분할 수 있다. 시간은 개인적인 상황에 맞게 하면 된다. 따라서 학교에 있을 때, 즉 자습시간, 쉬는 시간, 점심시간 등에 할 수 있는 공부계획을 세우면 된다. 마찬가지로 8시까지 마칠 수 있는 세부계획을 세우면 되고, 12시까지 마칠 수 있는 세부계획을 세우면 된다. 구체적인 사례는 뒤에서 자세히 살펴볼 것이다.

이 덩어리 시간표는 방학 때 활용해도 아주 좋다. 아침에 일어나서 점심 먹기 전까지를 한 덩어리, 점심 먹은 후 저녁 먹기 전까지를 한 덩어리, 저녁 먹은 후에 자기 전까지를 한 덩어리로 해서 계획을 세우는 것이다. 시간을 좀 더 쪼개서 네 덩어리로 해도 좋다. 이 덩어리 시간계획은 시간별로 계획을 세우거나 과목별로 계획을 세우는 것보다 더 효율적으로 실천할 수 있다.

넷째, 계획대로 못한 공부를 할 수 있는 보통시간을 정해 두자.

주말이나 휴일에 주중에 못한 계획을 보충할 수 있는 시간을 비워 두는 것이 바람직하다. 공부를 하다 보면 예상치 못한 일들이 종종 생겨서 계획대로 안 되는 경우도 많다. 이럴 경우를 대비하는 것이다.

예를 들면 주중에 수학과 사회 과목 일부를 다 못했으면 토요일 오후 2시간 혹은 일요일 오후 2시간을 보충시간으로 정해 놓고, 이 시간에 끝내면 된다. 만일 주중에 완벽히 계획대로 했으면 이 시간은 자기만을 위한 휴식시간으로 활용한다. 즉 자기 보상시간이 되는 것이다. 혹시라도 이 보상시간이 있기 때문에 주중에 게을리해도 되겠다는 생각을 하면 안 된다. 보충시간에 대한 확실한 시간 개념을 가지고 있어야 성과를 올릴 수 있다.

넷째, 계획을 세울 때 암기만을 위한 시간도 생각하여 계획을 세운다.

공부시간의 5분의 4는 이해, 5분의 1은 암기시간으로 나누어 놓자. 예를 들면 국어 공부시간이 1시간이라면 10분 정도는 암기시간으로 정하는 것이다. 따라서 시간에 따른 분량을 정할 때 50분에 마칠 수 있는 학습량으로 정하는 것이 좋다. 암기시간에는 작품의 줄거리, 전체 주제, 단락의 주제, 글의 특징 등을 암기하도록 하는 것이다.

수학도 마찬가지다. 수학 공부시간이 1시간 30분이라면 15분 정도를 암기시간으로 계획하는 것이다. 이때 주로 개념 이해와 문제풀이 과정 단계를 암기해 보는 것이다.

다섯째, 시험 보기 일주일 전에
모두 끝내는 계획을 세운다.

이것은 일주일을 버는 전략이다. 시험 보기 한 달 전부터 시험 준비를 시작한다면 3주 동안 끝낼 작정으로 계획을 세운다. 이것이 가능하려면 평소에 반복학습을 꾸준히 해 왔어야 한다. 사실 공부는 평소 때나 시험 준비 기간 동안이나 학습량에 큰 차이가 없을 정도로 해야 한다. "그럼 일주일 동안에는 어떻게 공부해야 하나요?"라고 질문할 것이다. 시험 보기 일주일 전에는 공부했던 학습량을 다시 반복하는 것이다.

반복학습의 양 날개는 시야의 확장과 생각하는 힘이다

여러분이 반복학습하면서 꼭 명심해야 할 것은 교과서에 대한 인식이다. 교과서야말로 최고의 반복학습 교재다. 개념 서술이 명확하고 군더더기 없이 간결하게 잘 설명되어 있다. 교과서의 개념 서술 방식을 이해하면 개념 이해가 훨씬 쉬워진다.

교과서에 대해서는 학교선생님을 비롯해서 교육방송의 선생님과 학원가에서 최고의 이름을 날리고 있는 선생님들도 공통적으로 강조한다. 무엇보다 최상위권으로 가면 갈수록 학생들이 선호하는 기본 교재 중에 교과서가 반드시 들어간다. 교과서를 제대로 활용하고 있는 셈이다. 교과서는 그야말로 수십 명의 교수님과 선생님들이 몇 년에 걸쳐 만든 최고의 교재라는 것을 잊어서는 안 된다. 그런 교과서를 등

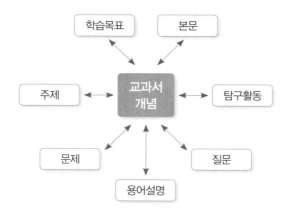

한시해서는 좋은 성적이 나올 리 없다.

반복학습하면서 교과서를 볼 때 시야를 넓게 해서 자세히 봐야 한다. 학생들은 교과서를 가볍게 생각하고 꼼꼼히 챙겨 보지 않거나 학원에서 추천해 준 교재를 기본 교재로 보곤 하는데, 그것은 옳지 않다. 항상 기본이면서 메인 교재는 교과서가 되어야 한다. 그럼으로 교과서를 보는 횟수를 늘려서 계획을 세워야 한다. 다른 교재를 보더라도 교과서를 펼쳐 놓고 함께 봐야 한다.

교과서에 나오는 주제, 학습 목표, 본문의 개념, 탐구활동, 질문, 용어 설명, 문제 등 어느 하나도 놓쳐서는 안 된다. 단원에서 알아야 하는 개념과 모두 연결되어 있기 때문이다. 주로 교과서의 본문만 보는 학생들이 있는데, 이는 고쳐야 할 습관이다.

대개 학생들은 낚시하듯 교과서를 본다. 자기가 중요하다고 생각하는 내용 위주로, 여기에는 선생님이 강조한 내용도 포함되겠지만, 쩍듯이 공부한다. 이래서는 연결관계를 알기 힘들 뿐만 아니라 단순히 내용을 파악하는 데 불과하다. 교과서는 그물을 치듯 공부해야 한다. 어느 하나 빠져나가는 내용 없이 모두를 이해하고 연결시키면서 머릿속에 집어넣어야 한다.

교과서는 하나의 개념이 나오고 뒤따라서 관련 개념이 순차적으로 나온다.

중1 수학에 나오는 일차방정식을 보면 등식, 방정식, 미지수, 해, 근, 항등식, 이항, 일차방정식 등의 개념이 등장한다. 보통학생과 우등생의 개념 이해 과정에서의 차이점은 보통 학생은 앞부분에 나오는 개념은 이해를 하지만, 뒷부분으로 갈수록 개념이 복잡해지고 심화되면 따라가지 못하는 특성이 있다.

쉽게 설명하면, 하위권 학생들은 등식의 성질까지만 이해하고, 중위권 학생들은 일차방정식의 풀이까지 이해한다면, 상위권 이상의 학생들은 일차방정식의 활용까지 모두 이해한다. 하위권 학생이나 중위권 학생들이 이 문제점을 극복하려면 반복해 보면서 앞부분의 개념을 완벽하게 이해한 후 진도를 나가야 한다. 교과서에 나와 있는 모든 내용을 자세하게 보면서 연결시키고 이해하고 기억해야 한다. 공부는 시간과의 싸움이다. 늦더라도 이렇게 반복해야 한다.

사회나 과학 과목을 예로 들면, 보통학생들은 교과서에서 본문 위주로 보지만 깊이 있고 자세하게 교과서를 보지 않는다. 특히 교과서에 등장하는 탐구활동을 반복해서 보아야 실력을 증진시킬 수 있다. 또한 교과서에 등장하는 각종 이미지 해석을 통해 개념을 이해해야 한다. 중요 이미지는 문장으로 해석할 줄 알아야 하고, 메모를 해 놓아야 한다.

중1 사회에서 〈자연으로 떠나는 여행〉에는 기후, 지형, 자연경관의 주제에 낯선 용어들이 많이 등장한다. 이 용어들을 이미지와 탐구활동을 통해 연계해서 이해하고 기억해야 한다. 교과서를 읽을 때, 시야를 넓혀서 어느 것 하나 소홀함이 없이 봐야 한다. 이것이 반복학습을 잘하기 위한 하나의 날개다.

반복학습을 하면서 생각하는 힘도 동시에 키워야 한다.

어려운 시험으로 갈수록 사고력을 요구한다. 특히 앞으로 여러분이 몇 년 후에 치러야 할 수학능력시험은 높은 사고력을 요구한다. 따라서 생각하는 반복학습이 아니라면 어려운 시험에서는 낭패를 보기 십상이다.

쉽게 설명해 보면 여러분이 학교에서 보는 지필시험이 100점 만점이라면 교과서에 등장하는 용어의 개념을 잘 이해하면 80점은 맞는다. 즉 핵심어를 놓치지 않고 잘 이해하면 기본적으로 점수가 잘 나온다. 나머지 20점은 생각하는 힘을 키워야 얻을 수 있다. 요즘 시험은 서술형이 강화되는 추세여서 이 부분은 더욱 중요하다. 서술형 문제에 익숙해지기 위해서는 탐구활동에 주목해야 한다.

대학수학능력시험의 유사 형태는 여러분 교과서에 등장하는 탐구활동에 녹아 있다. 탐구활동을 잘 보면 대학수학능력시험이 보인다. 고등학교에 올라가서 모의고사에 실패하지 않으려면 지금부터라도 교과서에 등장하는 탐구활동 보기를 게을리해서는 안 된다. 이는 모두 생각하는 활동이다. 생각하기 싫다고 생각을 안 하면 생각하기도 싫은 점수가 나온다는 것을 명심하자.

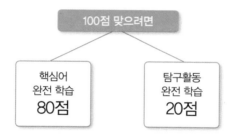

교과서에 등장하는 탐구활동은 생각하는 능력을 키워 주는 활동이다. 즉 사고력을 높여 주는 활동으로 사실상 학생들이 가장 지겨워하는 부분이다. 깊이 있는 생각을 요구하기 때문이다. 이 부분을 반복해서 공부해서 개념을 충분히 이해해야 100점을 맞을 수 있다. 그렇지 않고서는 100점을 받기 힘들다. 하지만 일반적으로 학생들은 이 부분을 소홀히 하면서 서술형 문제나 생각하는 힘을 요구하는 문제에 취약하게 되는 것이다.

다시 정리해 보면, 여러분이 보는 교과서가 훌륭한 반복 교재라는 의미는 여러분에게 다음 두 가지 능력을 키워 주기 때문이다.

첫째, 개념 설명이 잘 되어 있다. 따라서 교과서를 반복해서 보면 개념의 이해 과정을 쉽게 이해할 수 있다.

둘째, 사고력을 증진시켜 준다. 매 소단원마다 몇 개씩의 탐구활동이 있다. 탐구활동을 꾸준히 하다 보면 나도 모르는 사이에 사고력이 증가하게 된다. 원래 교과서를 만든 분들의 의도가 그렇게 때문이다. 따라서 교과서를 반복해서 보면 시험 문제가 보인다는 전교 1등을 하는 학생들의 말이 거짓이 아님을 알 수 있다. 이것이 반복학습을 잘하게 하는 또 하나의 날개다.

이 두 가지가 반복학습의 양 날개가 되기 위해서 필연적으로 갖추어야 할 것이 있다. 그것이 무엇일까? 이것이 안 되어 있다면 반복학습의 양 날개도 제 기능을 못하게 된다. 그것은 바로 학교수업이다. 여러분의 하루 중에서 가장 중요한 시간은 뭐니 뭐니 해도 학교수업시간이다. 학교수업에 대한 강조는 뒤에서 계속 설명할 것이다.

몰이공부보다는
반복학습에 집중하자

요즘 1년 정도 선행학습을 하는 건 선행이 아니라 예습이라고 할 정
도로 선행학습이 학생들 사이에 만연되어 있는 것이 현실이다. 이 문
제는 어제 오늘의 일은 아니다. 선행학습에 대한 인기는 고등학교 서
열화로 자녀 공부에 대한 학부모들의 기대와 학원의 마케팅이 절묘하
게 결합되어 그 악순환이 계속 되고 있다. 여러분은 선행학습을 하지
않으면 비정상적으로 취급받을 정도로 심각해진 상황이 되었다. 과연
이러한 현실이 옳은 것일까? 직접 공부하는 여러분도 알아야 할 것 같
아서 연구결과를 통해 생각해 보자.

한국교육개발원(KEDI)이 초 · 중 · 고등학교 학생과 학부모 9,720명

을 대상으로 실시한 설문조사 등을 토대로 작성한 〈학교교육 내 선행학습 유발 요인 분석 및 해소 방안 연구〉 보고서에 따르면, 우리나라 초등학교 6학년생 10명 중 4명가량은 중학교 과정의 영어, 수학을 미리 배운 것으로 나타났다. 특히 초·중·고교생 10명 중 3명가량은 수업에서 배운 내용보다 시험이 어렵게 나오고, 수업과 복습만으로는 경시대회에서 좋은 성적을 거두기도 어렵다고 생각했다. 이러한 이유로 선행학습이 필요하다고 보는 것이다.

한국교육개발원의 〈선행학습 효과에 관한 연구〉에 대한 또 다른 조사에서 이렇게 결론을 내렸다. "통계 분석 결과, 대체로 단기든 장기든 선행학습이 성적의 상승을 가져 왔다는 증거는 찾아볼 수 없다." 오히려 학교수업에 흥미를 잃고, 학원에 의존하게 되고, 성적의 기복이 상대적으로 심하며, 고등학교 때 성적이 하락하는 경우가 많고, 잘못된 개념이나 부정확한 지식을 갖는 경우가 많은 등 선행학습의 부작용이 심하다는 요지였다.

초·중·고등학생 4,600명을 대상으로 한 조사에서도 선행학습을 오래한 학생들일수록 성적이 떨어진 경우가 많았다. 서울대학교 학생 84%가 꼼꼼한 복습을 1순위 공부비결로 뽑았다. 선행학습을 복습보다 많이 하거나 같은 비율로 했다는 학생은 16%에 불과했다.

선행학습의 마이너스 효과는 내신과 수능시험에서의 결과만 봐도 알 수 있다. 수학이 사교육비가 가장 많이 드는 과목이지만, 2013년 전국 일반고 10곳 중 5곳(48.1%)의 수학 내신 평균이 50점도 안 된다. 또한 수학능력시험에서 30점 미만의 최하위권에 속한 수험생 비율은 수학이 34.1%로 선행학습이 별 효과가 없다는 것을 알 수 있다. 그렇게 학원을 다녀도 소용없는 학생이 절반도 넘는다는 얘기다.

사실상 상위권 이상 학생들은 예습과 복습 중에서 예습의 비중보다는 철저한 반복학습을 통한 복습의 중요성을 더 강조했다. 위의 조사를 통해서 알 수 있듯이, 선행학습을 얘기할 때도 최상위권 학생들 대부분은 선행학습보다 복습의 반복화를 더 선호했다. 선행학습이 부족하다고 생각하지만, 굳이 선행학습을 하려고 노력하지 않았다. 현재 공부에 충실하고 싶다고 했다.

특히 수학과목에서 2, 3학년 과정을 몰이식으로 공부하기보다는 학교 수업과 예·복습을 강조했다. 수학에서 일정 부분 선행학습이 필요하다고 생각하지만, 현행학습보다 더 강조하지는 않았다. 한두 학기 정도의 선행을 하더라도 선행하는 내용의 복습도 강조했다.

수학은 기초가 잡혀 있어야 어떤 문제든 풀 수 있다. 공부는 양보다는 질이다. 느리더라도 정확하게 밟아 올라가는 것이 필요하다. 수학이라는 학문 특성상 더욱 그렇다. 같은 문제라도 반복해서 풀다 보면 '이 말이 이런 뜻이었구나.'처럼 새롭게 눈이 뜨이게 된다. 아무리 기본을 강조해도 지나치지 않은 과목이 수학이다.

사실 선행학습은 처음 몇 달을 빼고는 점수 차이에 영향을 미치지 않는다. 선행하는 시간에 복습시간을 빼앗겨 버리면 결과는 자명하다. 선행학습을 했다 하더라도 선행하지 않은 친구들보다 공부하지 않으면 뒤처진다. 선행학습을 했다고 해서 학교 시험에서 점수의 차이가 나지 않으며 결과에 영향을 미치지 않는다. 그렇기 때문에 불필요한 선행은 지양되어야 한다.

선행학습은 자기 스스로 생각하면서 수학 원리와 개념을 깨우치는 것이 아니라 다른 사람의 생각을 그대로 받아들이는 것이다. 결과적으로는 창의적이고 논리적인 사고력과 이해력에는 그다지 도움이 되지 않는다. 공부는 약간의 선행과 많은 복습이 중요하다.

여러분이 나중에 치를 수능 수학은 여러분에게 깊은 사고력을 요구하는 것이 사실이다. 수능 수학을 풀 수 있는 지식은 대부분이 초·중학교 시간에 배운 내용을 토대로 하고, 여기에 고등학교 수학 과정의 개념이 추가된 것이라고 보면 된다. 따라서 수능 수학을 잘 보기 위해서는 현재 여러분이 배우는 중학교 교과 과정에서의 이해력, 추론 능력, 해결 능력이 바탕이 된다. 그런데 자신의 학년에 맞는 교과 과정도 소화하지 못한 학생이 어설픈 선행학습으로 이러한 능력을 기르지 못하게 되면 이후 수능 수학 공부에 있어서 상당한 어려움을 겪게 된다. 무분별한 선행으로 인해 복습 기회를 놓친 많은 학생이 대학입시 문턱에서 좌절하게 된다.

만일 2, 3학년 선행을 하면서 우수한 성적을 유지한다면 굳이 말릴 이유는 없다. 한 학생이 중1 때 중2~3학년 과정을 모두 마치고, 고1 과정 들어갔다. 중2 때 수Ⅰ을 끝냈고, 중3 때 고교 과정을 모두 마쳤고, 성적은 언제나 최상위라면 이 학생은 수학이라는 학문에 재능이 있는 것이다. 그렇다고 모든 학생이 이 학생처럼 될 수 없다. 이 학생처럼 되려다가는 뱁새가 황새를 좇아가는 격으로 가랑이가 찢어진다. 그 시간에 현재 공부하는 내용을 최상위로 끌어올려 100점을 맞는 목표를 세우는 것이 훨씬 현명하다.

선행학습에 치여 현재 공부량이 줄어들고 결국 성적이 떨어지거나, 겨우 현상만 유지하는 학생들을 종종 보았다. 수학이 80~90점 사이인 중학교 2학년 학생인데 고등학교 수1 과정을 선행하고 있었다. 이 학생과 얘기를 나누어 보니 선행이 부담스럽지만 엄마의 성화로 마지못해 하고 있다고 한다. 엄마에게 선행을 대폭 줄이고 현재 하는 수학 공부를 반복학습해서 성적을 올리는 것이 더 현명하다고 얘기를 해도 반신반의했다. 다른 학생들은 다 하는데 불안해서 줄이지 못하겠다는 것이다. 선행을 해 두면 아는 내용이 많을 거라며 중단할 의사가 없다고 했다.

학부모들 입장에서 보면 선행학습은 결과는 보이지 않지만, 얼마만큼 진도를 나갔느냐를 볼 수 있으니 내 자녀가 잘하고 있다고 착각하는 것이다. 알고 싶은 욕구가 많은 학생이 미리 선행하는 것은 말릴 수 없다. 하지만 복습 시간을 줄이면서 하는 선행은 아무런 도움이 되지 않는다. 자신이 알고 있는 내용을 완벽히 알고 가는 것이 중요하다.

중학교 2학년에 올라가는 여학생이 있었다. 선행학습을 했으니 어느 정도 이해가 쉽겠지 생각했다. 2학년 때 복습하면서 공부하는 과정이 1학년 때보다 쉬울 거라 생각했지만, 결과는 그렇지 않았다.

지금 학교 시험은 복습을 잘한 학생들에게 유리하지, 선행학습을 많이 한 학생들에게 유리하지 않다. 지나간 수업 내용을 정확하게 이해하고 있지 않으면 풀 수 없는 문제들이 많다. 선행학습을 했다고 해서 수업 내용이나 선행학습을 했던 내용을 다 이해하고 기억하고 있다는 생각은 금물이다.

방학을 활용해 한두 학기 정도만 선행하고, 학기 중에는 현재 진도를 반복학습을 해서 심화 과정을 완벽하게 끝내는 것이 현명하다. 샘과 인터뷰한 서울대 의예과에 합격한 배수호 학생도 중학교 다닐 때 과학 실습학원을 다니고, 영어회화학원을 다니는 것이 전부였다. 공부를 위한 학원에 의존하지 않고 스스로 반복학습을 터득해서 공부했다. 평소 시간은 오로지 복습을 통한 반복학습으로 만점을 받는 것을 목표로 했던 것이다.

수학을 한 학기도 선행학습하지 않고도 명문 고등학교에 입학한 학생이 있었다. 하지만 수II까지 선행하고 온 학생들보다 높은 점수를 기록했다. 이 결과가 의미하는 것은 깊이 없는 선행학습보다는 깊이 있는 현행학습이 훨씬 가치 있다는 점이다. 반복학습은 현행학습의 범위 내에서 꼼꼼하게 이루어져야 한다.

반복학습 방법의 차이가

점수를
확 바꾼다

반복학습할 때 무작정 반복하는 것과
효율적인 방법을 알고 하는 것과는 결과에서 차이가 난다.
부족한 방법을 채우려고 노력하는 마음이 실천으로 이어지고,
그 실천이 점수를 바꾼다.

무엇을 어떻게, 얼마나 반복할지 알아야 한다

학교수업에서 선생님이 어떤 내용을 어떻게 반복해서 설명하는지, 교과서에서 무엇을 강조하고 싶은 건지 알아야 한다. 반복학습의 좋은 점은 한 번, 두 번 집중해서 반복학습하게 되면 내용을 점점 깊이 있게 이해하고 기억하게 된다는 사실이다. 이해하게 되면 그다음으로는 자연스럽게 핵심들이 눈에 들어오게 되고, 전체 흐름을 파악할 수 있게 된다. 이때 이해와 함께 병행되어야 할 것은 암기이다. 교과 내용을 이해한 다음에 흐름이 파악되면 암기해야 된다는 생각을 잊지 말자.

반복학습을 하면서 똑같은 생각을 가지고 똑같은 방법으로 하지 말자. "똑같은 방법을 반복하면서 다른 결과가 나오기를 기대하는 사람은 정신병자다."라는 아인슈타인의 말처럼 단순하고 기계적인 방법은 아무런 소용이 없다. 앞서 얘기했듯, 1회 반복할 때와 2회 반복할 때가 다르고, 2회 반복할 때와 3회 반복할 때도 달라야 한다. 즉 이해와 암기의 결과가 달라져야 한다.

반복이 거듭될수록 내용 이해와 암기가 완벽에 가깝도록 되어야 한다. 교과서 내용 전부가 머릿속에 있어야 한다는 얘기다. 그렇게 되기 위해서 무엇을 어떻게 반복해야 할까? 반복해서 봐야 할 내용들을 자신만의 기호로 표시를 해 두고 여러 번 봐서 기억해 두어야 한다.

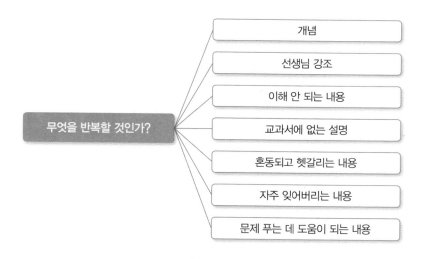

개념을 반복한다.

개념의 뜻을 정확히 이해해야 한다. 특히 새롭게 알게 된 개념어나 내용을 반복한다.

① 각 단원마다 새롭게 등장하는 개념은 앞의 개념과 연결시켜 반복해서 익혀야 한다.

② 교과서에서 강조하는 개념은 주로 큰 글씨나 굵은 글씨로 되어 있는 경우가 많다.

③ 교과서 각 단원마다 등장하는 학습목표를 보면 내가 반드시 알아야 할 개념어가 등장한다.

④ 개념을 잘 이해하고 있는지 교과서는 질문을 통해 힌트를 주고 있다. 질문에 대한 대답을 반드시 해 주어야 한다.

⑤ 개념은 이미지와 연결시키고 있다. 사회, 과학, 역사 과목에서 특히 그렇다. 사진, 그림, 도표, 그래프, 지도 해석이 가능해야 한다.

⑥ 교과서에 등장하는 탐구활동은 개념의 심화 과정이다.

⑦ 교과서의 문제 또한 개념을 이해시키는 주요 활동이다. 개념이 문제로 어떻게 표현되는지 분석하면서 문제를 풀어 보자.

선생님이 여러 번 강조하는 내용은 반복해야 한다.

수업시간에 선생님이 중요한 내용을 어떻게 강조하는지 관찰해 보자. 선생님이 강조하신 내용에는 표시를 해 놓고 시험 직전까지 반복해서 봐야 한다. 선생님이 강조한 이유도 생각해 보면서 어떤 식으로 시험 문제로 출제될지 고민도 해 보자. 사소한 내용이라도 선생님이 설명한 내용이나 강조한 내용을 교과서에 메모해 놓는 습관을 들여야 한다. 학교 시험은 학교선생님이 출제자라는 사실을 절대 잊지 말자.

학원 선생님이 찍어 주는 문제에 집착하는 태도는 절대로 옳지 않다.

이해가 되지 않는 내용을 반복한다.

이해가 되지 않는 내용은 반드시 시험에 나온다고 생각하자. 이해되지 않는 내용은 몇 번을 반복해서라도 왜 이해가 안 됐는지 고민해야 한다. 이해가 되었다면 구체적으로 무슨 개념을 알지 못해 헤맸는지 그 과정을 메모해 놓아야 한다.

이미 잘 알고 있어서 잊어버릴 염려가 없는 내용들은 반복에서 제외한다.

이미 꿰뚫고 있는 내용을 계속 반복하게 되면 시간만 낭비하게 되는 것이다. 과감하게 건너뛰고 시험 보기 전에 한 번 훑어 보면 된다.

교과서에 없는 설명을 반복한다.

교과서에는 없는데 수업 중 선생님이 설명한 내용이나 자습서 내용, 문제를 풀다가 알게 된 내용 등을 교과서에 메모해 놓고 반복해서 익혀야 한다.

나중에라도 혼동하고 헷갈릴 수 있는 내용을 반복한다.

복습을 하다 보면 혼동되는 내용이나 헷갈리는 내용이 등장하게 된다. 이때 기호 등으로 표시해 놓고 반복해서 보자.

아무리 외워도 자꾸 잊어버리는 내용들을 반복한다.

자주 잊어버리는 내용들이 잊기 마련이다. 이해는 되는데 암기가 안 되는 내용들은 완전히 머릿속에 기억될 때까지 반복해서 보아야 한다.

정리해 두면 두고두고 문제를 푸는 데 도움이 되거나, 문제를 더 빨리 푸는 데 도움이 되는 내용을 반복한다.

개념 정리든, 이미지 정리든, 공식이든 알아두면 나중에 도움이 되겠다고 생각되는 내용들은 메모해 두고 반복해서 보아야 한다.

학습한 내용을 질문으로 만들어 반복해서 회상하자

공부를 잘하는 학생일수록 회상(Data mining) 능력이 뛰어나다. '데이터 마이닝'을 직역하면 '자료를 찾는다'는 뜻이다. 머릿속에 있는 자료를 찾아서 떠올리는 행위를 말한다. 반복학습의 극대화는 회상 능력에 있다고 해도 과언이 아니다. 우등생들은 길을 가다가도, 밥을 먹다가도, 잠들기 전에도 공부 내용이 부지불식간에 떠오른다. 이 학생들은 책상 앞에서만 공부하는 것이 아니다. 그만큼 공부에 집중하는 비율이 일반학생들보다 월등히 많다.

암기할 내용들은 머리에 잔상을 남기는 게 중요하기 때문에 걸을 때나, 화장실을 갈 때나, 이를 닦을 때에도 암기할 내용을 수시로 떠올리도록 한다. 나도 모르게 혹은 의식 중에 공부 내용이 떠오르기 시작할 때가 공부에 가속이 붙는 때이다.

교과 내용을 학습하는 가장 효과적인 학습법의 하나는 처음 한두 번 틀리더라도 그 내용을 회상해 내려고 시도하는 데 있다. 어떤 소단원의 내용을 한 번, 두 번 반복해서 읽어 보는 것도 좋지만, 읽은 내용을 회상해 보는 노력을 해야 한다는 말이다.

읽은 내용을 스스로 회상하려고 하지 않고 단순히 읽기만 하는 행동은 효과적인 학습법이 아니다. 정기적으로 회상하는 과정을 되풀이하면 뇌 속에 기억의 연합경로가 고정되는 효과가 있다. 공부하는 학생들에게 주기적인 회상 노력은 기억력도 개선시키는 효과가 있다.

여러분이 공부할 때, 소단원의 내용을 혹은 수업시간에 선생님이 말씀했던 내용을 스스로 답해 보는 것이 좋다. 소단원의 내용을 읽어 갈 때 질문을 만들어 답을 해 보는 것이다. 여러분이 답을 할 수 없다는 것을 알게 된다면 이것은 여러분이 무엇을 공부해야 할지를 알려주는 것이기 때문에 아주 좋은 기회가 된다. 구체적으로 무엇을 반복해서 공부해야 할지 알려주는 신호인 셈이다. 질문에 답을 하려고 노력하는 행위 자체가 나중에 다시 복습하면서 그 질문에 여러분이 정답을 말할 가능성을 높여 주게 된다.

소단원의 내용을 스스로 회상하는 훈련이 단순히 그 내용을 다시 보는 것보다 내용을 더 효율적으로 두뇌에 기억시킨다. 이런 차원에서 교과서 내용이나 수업 내용을 질문으로 만들어 가면서 계속 답을 하는 과정을 반복하는 것이 아주 효과적인 학습법이다. 질문하고 회상하고 답을 맞추어 보고를 반복해 보자.

이때 한꺼번에 회상하지 말고 여러 번에 걸쳐 나누어 회상할 때 기억이 더 잘 된다. 질문에 답해 보기, 답이 맞았는지 확인하기, 휴식이나 다른 과목 공부하기, 다시 질문해서 답해 보기 등의 절차를 여러 번 반복하는 것이 더 효과적인 학습법이다. 시간차 반복적 회상학습을 하라는 얘기다. 더 좋은 것은 길을 가면서도 밥을 먹으면서도 문득문득 의도적으로 회상해 보라는 것이다.

기억해야 할 내용들을 수첩에 적어 두고 수시로 회상해 보고 맞추어 보는 습관은 최상위가 되기 위한 발판이다. 교과서의 학습목표를 보고 회상해 보는 훈련, 본문을 읽으면서 내용을 문제로 만들어 답해 보는 훈련, 주제를 보고 회상해 보는 훈련, 이미지를 보고 내용을 회상하는 훈련이 아주 좋은 복습 훈련이다.

예를 들어 중학교 1학년 사회에서 〈인구가 밀집한 동남아시아와 서부유럽〉 단원에서 '편서풍과 함께 사는 서부유럽'의 내용이 있다. 다음 교과서의 예시문을 살펴보면서 어떻게 공부해야 하는지 구체적인 방법을 알아보도록 하자.

이 단원의 학습 목표는 '서부 유럽에 많은 사람이 거주하는 이유를 자연환경과 경제활동의 측면에서 설명할 수 있다.'이다. 그럼 어떤 방법으로 공부해야 효과적일 수 있을지 살펴보자.

서부유럽의 겨울이 온화한 이유는 무엇일까?

알프스 산맥과 피레네 산맥 북쪽에 위치한 서부유럽은 유럽 대평원 일대에 해당하는 지역으로, 대체적으로 해발 고도가 낮고 평탄하다.

서부유럽에서는 겨울 기온이 온화하고 고른 서안해양성기후가 나타난다. 서부유럽은 내륙 깊숙한 곳까지 바다로부터 불어오는 습윤한 편서풍의 영향을 받아 일년 내내 비가 고르게 내린다. 그리고 멕시코 만 쪽에서 북상하는 난류인 북대서양 해류의 영향을 받아 겨울철 기온이 온화하게 나타난다.

〈중학교 1학년 사회, p38, 지은이 김영순 외 18인, 발행인 두산동아〉

자, 이제 본문 내용을 질문법을 활용하여 반복학습하는 방법에 대해 알아보자.

이 내용을 예습이나 학교수업을 통해 한 번 이해를 했다고 하자. 이때 복습을 하면서 학습 목표를 보고 답을 할 수 있도록 노력해 본다. 학습 목표를 보고 내용을 회상해 보는 것이다. 아직은 학습목표에 답할 정도로 머릿속에 기억되어 있는 내용이 많지 않을 것이다. 그러면 본문을 읽기 전에 주제를 보고 내용을 회상해 본다. 주제인 '서부유럽의 겨울이 온화한 이유는 무엇일까?' 자체가 질문으로 되어 있기 때문에 꼭 아는 만큼 대답을 하려 노력하는 것이다.

그런 다음에 본문을 읽어 나간다. '알프스 산맥과 피레네 산맥 북쪽에 위치한 서부유럽은 유럽 대평원 일대에 해당하는 지역으로,'라는 내용이 나온다. 이때 머릿속에 지도를 떠올려본다. 교과서에는 지도가 나와 있다. 지도를 보기 전에 한 번 회상해 보는 것이다. 기억이 안 나면 다시 확인해 본다.

'~ 대체적으로 해발 고도가 낮고 평탄하다.'라는 내용이 나올 때, 교과서 옆에 서부유럽의 특징 1, 2라고 메모해 놓으면 나중에 다시 복습할 때 회상하기가 좋다. 본문을 읽어 가다 보면 '서안해양성 기후', '편서풍', '북대서양해류' 등의 용어가 나온다. 이런 용어가 나올 때 미리 개념을 회상해 보는 습관을 기르자.

이런 식으로 질문으로 나올 수 있는 내용들은 질문으로 만들어 답을 회상해 보도록 하자. 다음에 복습 횟수가 진행되면서 학습목표를 비롯하여 주제, 이미지 해석에 대해 점점 밀도 있게 대답할 수 있을 것이다.

최상위 학생들처럼 수시로 회상학습을 하는 습관이 안 되어 있다면 복습하기 전에 회상학습시간을 의무적으로 만들어 놓는 것도 괜찮은 방법이다. 일단 회상학습을 위해서 회상노트를 준비하자. 조금 두꺼운 노트가 좋다. 각 과목마다 노트를 따로 준비할 필요없이 한 권에 하는 것이 좋다.

어떻게 하는지 방법을 좀 더 구체적으로 알아보자. 노트 위쪽에는 날짜를 쓰고 복습하고자 하는 과목을 적는다. 학교에서 돌아오면 복습하기 전에 5분가량에 걸쳐 오늘 배운 내용을 노트에 적어 본다. 단어든 문장이든 생각나는 내용을 적는다.

국어 과목의 경우 수업시간에 교과서 위주로 수업했다면, 회상노트에 수업시간에 교과서에 필기한 내용이나 언더라인 표시가 되어 있는 내용 등을 중심으로 떠올리며 적어 보자.

사회 과목의 경우 수업시간에 프린트로 설명하고, 노트 필기를 주로 했다면 프린트에 있는 내용과 노트에 필기 되어 있는 내용을 떠올리며 적어 보자. 그런 다음에 교과서나 노트를 펼쳐 놓고 확인을 해 본다. 이렇게 하면 얼마나 기억했는지 기억률도 알 수 있다. 습관이 안 되어 있을 때는 회상률이 떨어지지만 매일 한두 과목씩 하다 보면 회상률이 올라간다. 중요 내용인데 기억이 안 나면 메모해 놓고 나중에 찾아보자. '아~, 이거였구나.' 하며 그 내용이 기억에 오래 남을 것이다.

실수를 줄이는
반복학습이 되어야 한다

실수도 학습된다. 학생들은 공부하면서 똑같은 실수를 반복함으로써 그 실수조차 학습해 버리는 경향이 종종 있다. 반복하면서 실수를 줄이는 것이 아니라, 그저 실수도 대충대충 넘어가 실수가 반복되는 것이다.

훌륭한 피겨스케이팅 선수일수록 많이 넘어지고 훌륭한 축구선수일수록 공을 많이 뺏긴다. 이 선수들은 그러면서 배운다. 넘어지고, 뺏기는 실수에 대해서 반성하고 앞으로 그렇게 되지 않기 위해서 부단히 노력한다. 학생들도 실수를 반복하는 것이 아니라, 실수를 통해 더욱더 실력을 향상시키는 기회로 삼아야 한다.

수학의 경우 실수가 있는 단원에 시간을 더 투자해야 한다. 진도는 많이 못 나가도, 같은 레벨을 반복학습함으로써 실수를 하지 않도록 노력해야 한다. 계산 실수라면 풀이 과정을 꼼꼼히 적으면서 확인하는 습관을 들여야 한다. 조건을 빠뜨리거나 질문을 확인하지 않아 생기는 실수라면 조건과 질문에 언더라인을 하면서 집중해서 풀어야 한다. 또한 하나의 풀이 과정만이 아니라 다른 풀이 방법도 고민하면서 문제를 풀어야 한다. 수학은 사고의 학문이기에 더욱 집중해서 생각하는 습관을 들여야 한다.

다른 과목도 마찬가지다. 이해가 부족한 건지, 암기가 부족한 건지, 문제를 잘못 본 건지, 자신의 실수를 정확히 분석해서 줄여 나가야 한다. '실수 기록지'까지 만들어 활용하는 소수의 학생도 있지만 중학생들은 그렇게까지 할 필요는 없고, 실수한 부분을 교과서나 노트에 메모해 두면 된다.

교과서로 단권화하는 과목이라면, 실수가 두 번 이상 나온 단원에 체크를 해 놓고 자주 반복해서 봐야 한다. 예를 들면 문제집을 풀다가 실수로 틀린 경우, 틀린 문제가 있는 교과서 내용 부분을 찾아가서 표시해 놓고 메모해 두어야 한다. 추후에 반복해서 볼 때도 실수를 했던 이유에 대해 고민해야 한다. 가급적 당시 떠올랐던 기억을 꼼꼼히 메모해 두면 다음에 복습할 때 도움이 된다. 여백이 부족하면 포스트잇을 활용해서라도 당시에 이해된 것에 만족하지 말고, 메모를 꼭 해 두는 것이 좋다.

노트 정리로 단권화하는 과목이라면 별도의 칸을 만들어 놓고 거기에 메모하는 습관이 필요하다. 예를 들면 다음과 같이 세 개의 칸으로 나눈다면 왼쪽에는 개념을 정리하고, 오른쪽에는 주요 핵심어를 정리해 둔다. 그리고 아래쪽 칸에는 실수가 잦은 내용이나 문제를 풀다 틀린 내용 등을 간략히 메모해 두면 된다.

개념 정리	
	Key Word(키워드) 정리
실수, 오답 등의 내용 정리	

복습은 자신이 공부가 잘 되는 방법을 살려서 쓰면서 한다거나, 소리 내어 혹은 가르치듯이 하는 방법도 있다.

샘이 자습하는 중학생들의 모습을 지켜봤다. 10명 중 절반 정도는 눈으로만 교과서와 참고서를 보고 있었다. 이것이 대체로 공통적인 모습이었다. 수학 문제를 풀 때를 제외하곤, 다른 과목 문제를 풀 때는 답만 찾아 표시했다. 요즘은 인터넷과 스마트폰의 발달 때문에 더더욱 쓰는 활동이 감소되고 있다. 그러다 보니 연필과 종이를 적극적으로 사용해서 공부하는 시간이 점점 줄어들고 있다. 실수를 줄이기 위해서는 쓰면서 공부하는 습관을 들이면 좋다. 쓰면서 한 번 더 배운다고 생각하자.

　그렇다면 복습할 때 눈으로 보는 것과 쓰면서 하는 것의 차이점은 뭘까? 여기에는 큰 차이점이 있다. 두뇌학자들이 얘기하길 '손은 밖으로 나온 두뇌'라고 한다. '작은 뇌'란 뜻이다. 이 말의 의미는 손을 움직여 주면 두뇌활동이 활발해지고 두뇌세포를 자극해서 집중과 기억을 오래가도록 한다는 것이다. 이것은 공부할 때 큰 효과를 보게 된다. 즉 어떤 내용을 이해하고 외울 때 여러 감각을 자극하면서 공부하는 게 도움이 된다. 눈으로 읽으면서 손으로 쓰는 것은 효과적인 공부법이라는 의미이다.

　여러분이 쓰면서 공부하면 간접적으로도 몇 가지 도움이 되는데, 우선 공부하는 지루함을 조금은 감소시킬 수 있다. 눈으로 보는 것보다는 손이 움직이니까 집중력이 더 생기게 된다. 또한 졸음이 올 때, 눈으로만 보는 것보다 쓰면서 공부하면 도움이 되기도 한다. 손이 움직이니까 신경이 쓰여서 졸음을 감소시켜 주는 효과가 있다. 이렇게 쓰면서 공부하는 것은 여러모로 학습능률 면에서 유익하다.

　샘이 학생들에게 쓰면서 공부하라고 누누이 강조하는데, 공부를 잘하고 싶은 학생들에게 이 방법을 가르쳐 주면 바로 효과가 나타난다. 하지만 공부에 흥미를 못 느끼는 학생들은 쓰는 자체를 귀찮아한다. 귀찮더라도, 또는 손이 아프더라도 투덜대지 말고, 힘들면 처음에는 낙서하듯이 시작해 보자. 조금씩 그렇게 쓰면서 공부하다 보면 나중에는 점점 좋아진다. 쓰면서 하는 공부가 도움이 된다는 것을 스스로 느끼게 된다. 쓰는 양도 계획을 세워서 해 보자. 욕심 부리지 말고 일주일은 한 장, 그다음 일주일은 두 장, 그다음 일주일은 세 장, 이렇게 말이다.

쓰면서 공부한다고 하니까 수업시간에 필기하거나, 복습하면서 노트 정리하는 것으로 오해할 수 있는데 그런 것이 아니다. 이 방법은 복습하면서 연습장에 공부 내용을 쓰면서 하는 거다. 기억한다고 생각하고 핵심 내용을 단어든, 문장 형태든, 이미지(그림, 표, 지도 등)든, 손으로 적고 그려 보는 것이다. 이때 글씨체는 노트 정리할 때처럼 정성들여 할 필요는 없다. 어차피 노트 정리는 따로 할 테니까. 하지만 남들이 알아볼 수 있을 정도는 돼야 한다. 이 연습장을 자투리시간에 보는 것도 시간 활용을 잘하는 것이다.

여러분이 참고할 내용이 또 있다. 쓰면서 공부할 때 이 방법까지 더하면 더욱 효과적이다. 과연 이 방법이 뭘까? 여러분도 잠깐 생각해 보자. 우리 몸의 어떤 기관을 하나 더 동원하는 것이다. 무엇일까? 그것은 바로 입이다. 즉 말로 하는 것이다. 중요한 내용은 쓰면서 말까지 해 본다. 설명하듯이 해 보는 것이다. 눈과 손과 소리까지 여러 감각을 동원해서 공부하면 더더욱 공부 효과가 커진다.

여러분은 쓰기활동을 하면서 연습장의 소모량이 곧 여러분이 공부한 양이라는 사실을 알아야 한다. 공부를 얼마나 열심히 했느냐 하는 결과물이라고 할 수 있다. 연습장 두께에 따라 다르기는 하겠지만, 어떤 학생은 한 달 만에 한 권을 사용하는 학생이 있고, 어떤 학생은 두 달 혹은 세 달 이상 걸리기도 한다. 어떻게 보면 양이 중요한 건 아니다. 하지만 일단 시작해 보자.

어떤 학생은 이런 질문을 했다.

"선생님, 교과서나 노트 내용을 베껴 쓰는 것도 같은 방법인가요?"

샘이 말한 쓰면서 복습하는 방법은 교과서나 노트 내용을 그대로 베껴 쓰는 것이 아니다. 선생님이 강조하거나 내가 생각하기에 중요한 내용을 쓰면서 기억하는 방법이다. 즉 내가 외워야 할 내용이나 확실히 이해가 안 가는 내용들을 중심으로 쓰면서 공부하자는 거다.

이렇게 한 달이 지나는 동안 꾸준히 쓰면서 하다 보면 기억이 더 잘 되는 것을 스스로 느낄 수 있다. 그리고 실수는 점점 줄어든다. 쓰면서 공부하는 효과가 나타나는 거다. 또한 점차 중요한 내용과 중요하지 않은 내용도 구분이 된다. 그러니까 내가 어떤 내용을 쓰면서 해야겠다는 확실한 내용들이 보이기 시작한다는 말이다.

과목별로 보면, 수학은 개념을 이해할 때나 문제를 풀 때 반드시 손으로 쓰면서 하자. 사실 수학의 경우, 눈으로 보면 풀 수 있다고 생각하는 문제도 종이에 쓰려고 하면 잘 안 되는 경우가 있다. 이것은 쓰면서 수학 문제를 푸는 습관이 안 잡혀 있기 때문이다. 아는 문제라고 소홀히 하지 말고 늘 써 가면서 푸는 연습을 해 보자. 이렇게 수학 문제를 쓰면서 공부하다 보면 자신의 약한 부분도 찾을 수 있다. 또한 실수도 방지할 수 있다.

이밖에 영어단어를 암기할 때나 한자를 외울 때, 사회나 과학 교과서에 나오는 용어들을 암기할 때도 눈으로만 읽지 말고 쓰면서 하자. 처음에는 단순히 암기할 내용들만 쓰면서 하게 된다. 하지만 점차 요령이 생기면 내용의 관계를 이해하면서 쓰게 되니까, 쓰는 내용들도 발전된다.

쓰면서 공부하는 효과는 여기에서 그치지 않는다. 나중에 메모나 필기 요령까지 터득하게 된다. 교과서 메모나 노트 정리할 때도 크게 도움이 된다. 해 보면 그것을 스스로 느끼게 된다. 그래서 쓰면서 공부하는 습관은 여러분이 반드시 실천해야 할 아주 좋은 공부습관이다.

반복학습을 하면서 문제풀이보다 분석을 하자

공부한 내용을 시험으로 테스트하면 기억에 더 도움이 된다는 얘기는 학자들의 여러 실험에서도 입증되었다. 반복학습을 두세 번 정도 한 이후에는 몇 문제라도 풀어 보는 것이 학습에 도움이 된다. 문제 감각을 익히는 것이다. 이때 단순히 문제의 답을 구한다는 생각으로 풀지 말자. 중요한 건 여러분이 문제를 풀어 보면서 어떤 생각들을 해야 하는지를 정확히 알아야 한다. 그것을 알고 그렇게 하는 학생과 그렇지 않은 학생과는 당연히 성적에서 차이가 난다. 공부한 만큼 성적이 오르지 않는 이유 중의 하나가 문제의 답만 맞추느냐, 아니면 문제를 분석하느냐에 있다.

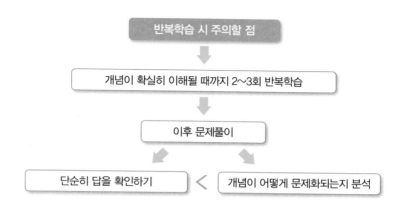

반복학습 시 주의할 점

↓

개념이 확실히 이해될 때까지 2~3회 반복학습

↓

이후 문제풀이

↓   ↓

단순히 답을 확인하기   <   개념이 어떻게 문제화되는지 분석

문제를 풀면서 '내가 공부한 개념이 이렇게 문제로 나오는구나.'를 생각해야 한다. 자신이 공부한 내용이 어떤 식으로 문제가 출제되는지 알아야 한다. 문제를 풀면서 이해나 속도 면에서 문제해결능력이 많이 떨어진다고 생각되면 다시 교과서로 돌아가 교과서를 꼼꼼하게 반복해서 읽으면서 이해를 해야 한다. 문제를 해결할 기본적인 개념이 정리가 안 되었는데 문제가 잘 풀릴 리 없다. 교과서 어떤 부분의 내용을 어떤 식으로 문제를 냈는지, 어떤 개념이 들어 있는지, 출제 의도는 무엇인지 등을 생각하며 분석해야 한다.

문제를 푼다고 생각하지 말고 이런 개념은 이런 식으로 문제화된다고 생각하면서 문제를 통해 또 한 번 복습하자. 문제를 통해 어떤 개념이 어떻게 문제로 만들어지는지 주의 깊게 생각해 보자. 문제를 대할 때마다 이런 고민을 반복해야 한다. 문제를 풀기 위해 필요한 개념이 무엇인지, 각각의 개념들은 어떻게 연결시켜야 하는지 고민하는 과정에서 사고력이 발달한다. 개념은 다른 개념과 엮어서 이해해야 하고, 사회현상이나 하나의 대상을 바라볼 때도 여러 개념과 접목시켜 생각하다 보면 사고력이 향상된다.

수학은 다소 다를 수 있지만, 나머지 과목은 평소에 반복학습할 때, 많은 문제를 풀 필요가 없다. 두세 문제라도 좋다. 깊이 있게 분석해 보면서 출제 의도와 문제를 분석해 보라는 말이다. 이때 중요한 것은 문제의 답에 표시해 놓지 말고 문제만 눈으로 풀어 보고 분석해 보는 것이다. 최대한 자신의 힘으로 풀어 보고 답을 모르겠으면 적당한 기호로 표시만 해 둔다. 나중에 다시 풀어 보기 위해서다.

문제를 풀다 보면 내가 어느 부분이 약하다는 취약 부분이 구체적으로 드러나는데 여기에 생각과 집중을 해야 한다. 어떻게든 문제만 해결하고 넘어가면 된다고 생각하면 안 된다. 약한 부분에 대한 분석 없이 문제 풀이에만 급급해서는 안 된다는 말이다. 문제가 요구하는 것에 대해서 고민하고 해결하면서 약한 부분이 무엇인지를 정확히 찾아내야만 한다. 문제풀이를 통해 약점을 알고 보완하자. 문제해결능력을 키우고 싶다면 자신이 놓치고 있는 학습의 약점을 파악해야 하고, 이것은 중위권 이상의 모든 학생들에게 공통적으로 요구되는 부분이다.

국어 문제에서 역설법이 나왔다면 시 속에서 어느 부분에 쓰였는지,

왜 역설법을 사용했는지, 역설법을 토대로 어떤 의미를 드러내려고 했는지 등을 분석해야 한다. 소설에서도 주제 찾기가 약한지, 시점이 약한지, 인물 간의 갈등 분석이 약한지를 알아야 한다. 비문학 지문에서는 언어, 예술, 역사, 철학 등 어느 부분이 약한지를 파악해야 한다. 약한 부분을 알았다면 그것을 반복해서 보아야 한다.

영어 문제에 나와 있는 지문을 읽었는데, 지문의 내용이 잘 이해가 안 간다면, 다시 한 번 해석해 보면서 어떤 표현이 이해가 안 되는지 중점적으로 살펴야 한다. 왜 해석이 안 되는지 문장에 별도로 표시를 해 놓고 또 한 번 읽어 본다. 이렇게 기본적으로 세 번 이상의 참을성을 가져야 한다.

문제를 풀면서 어려운 부분을 한 번에 완벽하게 이해하거나 정리할 필요는 없다. 수학에서 '실수와 그 연산'은 할 만했는데, '문자와 식' 문제들이 어려웠다면 너무 붙잡고 늘어지지 말고, 일단 체크해 놓고 넘어가자. 그리고 개념을 좀 더 공부한 다음에 반복해서 풀어 보자. 다른 과목도 마찬가지이지만 특히 수학은 반복학습이 중요하다.

수학은 풀이 과정을 통해 다른 과목과는 달리 희열을 느낄 수 있다. 수학을 잘하거나 좋아하는 학생들은 어렵고 약한 부분의 문제를 풀면서 자신과 싸우는 과정을 통해 성취감을 얻는다. 어떤 개념을 묻는지 생각하면서 문제를 풀면 사고력이 좋아지는 것과 마찬가지로, 문제를 풀면서 약한 부분을 정확히 파악하는 훈련을 하면 사고력이 좋아진다.

이번에는 수준에 따른 문제해결 방법을 알아보자.

하위권 학생의 경우는 개념에 대한 이해가 안 된 상태이기 때문에 교과서나 기본서를 토대로 개념 정리를 충분히 해야 한다. 같은 문제라도 반복해서 머릿속에 개념을 집어넣을 필요가 있다. 노트에 각 단원과 관련된 개념을 적고 핵심 내용을 정리해 보자. 그런 다음에 개념 적용능력을 다져야 하는데, 개념이 어떻게 문제화되는지 살피는 훈련을 해야 한다. 정리보다는 이해에 초점을 맞추어 학습하는 것이다.

중위권 학생의 경우는 문제를 분석해 보면서 잘 틀리는 문제, 약한 부분 등을 파악한 뒤 집중적으로 공략한다. 자신의 약점을 파악한 후에는 유사한 문제를 찾아보거나 풀이 방법을 꼼꼼하게 고민한다. 이렇게 하면 자신이 많이 틀렸던 단원에서 출제된 문제들을 모아서 푸는 과정에서 특정 단원에서 가장 중요한 내용이 무엇인지 문제 유형도 파악할 수 있다.

상위권 이상의 학생은 최신 유형의 문제를 접하면서 출제 경향을 철저히 분석한다. 심화학습과 고난이도 문제집을 풀어 가면서 실수를 줄인다.

문제를 통한 약점 분석이 끝나면 끝으로 오답을 정리해야 한다. 보여주기 위한 오답노트보다는 틀린 문제에 대한 피드백을 핵심적으로 정리하는 노트를 만드는 것이다. 같거나 비슷한 개념을 묻는 문제들을 모두 틀렸다면, 그 문제 모두를 오답노트에 정리하는 것은 바람직하지 않다. 대표적인 것을 정리하고 나머지는 비슷한 유형 문제로 정리해 둔다. 그러나 이때에도 틀린 문제만 정리하지 말고 힘들게 풀었거나 새로운 유형의 문제라면 정리해 놓는 것이 바람직하다.

점수를 확 바꾸는 반복학습법

1. 무엇을 반복할지 파악한다. 선생님이 강조한 내용이나 개념, 헷갈리는 내용 등을 파악하여 반복학습의 계획을 세운다.

2. 학습한 내용을 회상법을 통해 기억해 본다. 이때 스스로에게 질문을 하는 방법은 기억력을 높이는 데 큰 도움이 된다.

3. 눈으로 보고, 쓰고, 말하면서 반복학습을 한다.

4. 문제를 푸는 것이 중요한 것이 아니라 어떤 개념으로 문제가 출제되었는지 분석하는 것이 중요하다.

5. 문제를 분석하여 자신의 취약한 부분을 파악하여 집중 공략한다.

Part 04

반드시 성과가 나타나는

영리한 7단계 반복학습법

영리한 반복학습법을
이번 시험부터 당장 활용해 보자.
한 학기만 영리한 반복학습을
꾸준히 실천하면 성적표가 달라진다.

1단계
학교수업 마치기 전에 복습한다

지금까지 반복학습이란 무엇인지 살펴보았다. 또한 반복학습이 단순히 반복으로만 그치지 않기 위해서 기본적으로 갖추어야 할 자세나 공부 방법에 대해서도 알아보았다. 이제 실질적인 훈련으로 반복학습을 통해 성과가 나타나는 7단계 학습법을 알아보겠다.

반복학습을 효과적으로 하고 싶다면, 학교 수업이 끝나기 전에 한 번 복습하는 습관을 들여야 한다.

대체로 중학생들은 6교시 또는 7교시 수업을 한다. 그 전에 여러분이 알아야 할 사실이 있다. 반복학습할 때 주요 과목만 복습하겠다는 생각을 버려야 한다. 평소에 학생들에게 반복학습 계획을 짜 보라고 하면 수학, 영어, 국어 과목을 중심으로 하거나, 생각이 있는 학생은 취약 과목 위주로 계획을 세운다. 과학, 사회, 역사 과목을 비롯해서 가정, 기술, 한문, 도덕 과목은 계획에서 제외되는 경우가 종종 있다.

왜 제외했느냐고 하면 시험 때 하면 된다고 말한다. 반면 전교 1등을 하는 학생들과 인터뷰를 해 보면 모든 과목을 평소에 공부해 놓는다는 대답이 한결같았다. 수학도 100점 만점이고, 사회도 100점 만점이고, 기술가정도 100점 만점이다. 국·영·수를 제외한 나머지 과목들도 평소에 몇 번만 반복해 두면 시험 준비를 할 때 훨씬 부담이 줄어든다. 예를 들면 기술가정을 시험 보기 전까지 일주일에 한 번씩 4번만 정독하면 시험 때 이해하고 외워야 할 시간이 현저히 줄어든다.

샘이 2장에서 시험보기 일주일 전에 시험 준비를 끝내자고 말했던 것이다. 기억날 것이다. 그러기 위해서는 평소에 모든 과목에 걸쳐 반복학습을 게을리하면 안 된다. 이번 학기에 성적을 올리겠다는 각오를 했다면 더더욱 모든 과목들을 평소에 끝내겠다는 생각을 가지고 공부해야 한다. 제대로 된 반복학습이 아닌 요령으로 반복학습을 하면 원하는 결과를 얻기 힘들다. 낭비되는 시간을 줄여서 한 학기만 집중적으로 해서 성취감이 생기면, 그때는 공부하지 말라고 해도 할 것이다.

학교수업을 마치기 전의 복습이라면, 자습시간, 쉬는 시간, 점심시간을 활용한다는 의미다. 어느 중학생의 화요일 학교수업 시간표는 다음과 같다.

```
1교시 : 수학
2교시 : 체육
3교시 : 과학
4교시 : 국어
5교시 : 미술
6교시 : 미술
7교시 : 역사
```

1교시가 수학이므로 수학수업이 끝난 직후 쉬는 시간을 활용해서 빠르게 한 번 복습한다. 이것을 직후복습이라고도 한다. 선생님이 강조했던 내용을 중심으로 교과서와 노트를 보면서 기억을 회상(Data mining)해 보는 방법이다. 시간은 5분 정도 내외로 해서 주제, 핵심어, 개념을 상기해 본다. 이해가 안 되는 내용들은 표시를 해 둔다. 이 5분의 직후복습이 기억을 오래 유지시켜 주는 능력을 갖게 해 준다. 꾸준히 5분 복습을 하고 안 하고의 차이는 시험 결과로 나타난다.

그런데 시간표를 보면 2교시가 체육이다. 옷을 갈아입어야 하기 때문에 쉬는 시간을 활용하기 어려우므로, 이때는 점심시간에 복습할 수 있도록 한다. 쉬는 시간과 점심시간만 활용하겠다고 생각을 하지 말고, 5분 정도의 시간이 남는 경우라면 어떤 시간이라도 좋다. 예를 들면 경우에 따라 선생님이 교실에 늦게 들어오실 수도 있고, 수업이 일찍 마칠 수도 있다. 남는 시간, 즉 자투리시간 5분을 놓치지 말라는 얘기다. 국·영·수를 제외한 나머지 과목들도 과소평가하지 말고 평소에 조금씩 복습하는 습관을 들이자.

자투리시간 5분에 대해서 조금 더 얘기해 보자.

'5분의 법칙'이라는 말이 있다. 특히 스포츠에서 강조되는 법칙인데, 축구에서 경기 시작 직후와 경기가 끝나기 직전의 5분 동안에 선수들의 집중력이 떨어지고 체력이 저하되어 실점하게 되는 경우를 경계하자는 데서 생겨난 말이다. 여러분도 학교수업이 시작되면 긴장을 늦추지 말고, 학교수업이 끝나고 나면 긴장을 늦추지 말고, 5분 동안 직후 복습하는 습관을 들여 보자.

앞의 시간표를 보면 7교시는 역사. 수업이 끝났다고 가방부터 싸지 말고 역사 과목까지 마무리 복습을 해야 한다. 수업이 끝나자마자 혹은 종례시간 직전이든 5분 정도의 시간을 내어 역사 과목도 복습을 하는 열의가 있어야 한다. 학교수업은 학교에서 1차 반복을 끝내야겠다는 계획과 실천이 필요하다.

학교수업 마치기 전의 복습은 주간계획을 세울 때 잘 생각해야 한다. 자신의 수준, 공부의욕에 따라 학생들마다 계획이 다르다. 중·하위권 학생이 처음부터 너무 무리해서 매 시간마다 복습을 하겠다고 계획을 세워 놓고 지키지 못할 바에야 처음에는 한두 과목부터 시작하는 것이 현명하다. 자신이 취약한 과목 위주로 시작하면 된다. 그러고 나서 어느 정도 습관이 붙으면 과목을 늘려 가면 된다. 상위권 이상 학생들의 경우 학교에 있을 때의 자투리시간은 직후복습, 학원 숙제, 수학 문제풀이 등을 선택해서 적절히 하면 된다.

이렇게 학교에 있으면서 자투리시간을 활용하다 보면 공부를 열심히 하는 내 모습에 나도 모르게 자신감이 생기고, 기억되는 내용이 많아졌다는 자부심도 느끼게 된다. 이런 습관은 고등학교에 올라가서 더욱 공부를 열심히 하게 만드는 원동력이 될 것이다. 누가 시켜서 하지 말고 놀고자 하는 유혹을 참고 한 학기만 스스로 해 보기를 바란다.

2단계
학교수업 마친 후에 복습한다

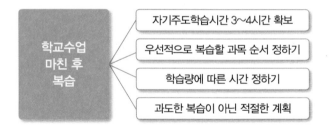

학교수업
마친 후
복습

자기주도학습시간 3~4시간 확보

우선적으로 복습할 과목 순서 정하기

학습량에 따른 시간 정하기

과도한 복습이 아닌 적절한 계획

앞서도 설명했지만 영리한 반복학습을 하기 위해서는 자기주도학
습시간이 하루 평균 3~4시간은 되어야 한다. 이 3~4시간은 자투리시
간을 포함한 것이 아니라 내가 집중해서 공부하는 뭉치시간을 말하는
것이다. 만일 학원 숙제 하기도 바쁜 학생들은 최대한 학원을 정리해

서 반복학습을 할 수 있는 시간을 확보해야 한다. 학원을 최대한 줄이고, 이 책의 방법들을 한 학기만이라도 스스로 따라 해 보고 난 다음에는 생각이 달라질 것이다.

샘의 경험상 학원을 다니지 않으면 스스로 공부할 수 없는 학생도 있다. 겨우 학원 숙제만 하고 스스로 공부하는 힘이 없는 학생들이 있다. 영리한 반복학습법은 이러한 학생들을 위한 방법이 아니다. 최소한 "스스로 한 번 열심히 해보겠어요." 하는 공부할 의지가 있고, 자기주도학습시간이 3시간 이상은 되는 중·상위권 이상 학생들이 대상이다.

만일 스스로 공부할 수 있는 힘이나 시간이 안 되는 학생들은 이 책의 앞부분부터 다시 읽고 마인드를 바꾸어야 한다. 앞부분에 제시되었던 반복학습이 왜 중요하며, 반복학습을 할 수 있는 마인드와 기본적인 방법들을 실천해 보고 나서 영리한 반복학습법에 도전해야 할 것이다.

학교수업을 마치기 전의 복습은 수업한 내용을 가볍게 훑어 보는 방법이었다. 이런 방법을 앞에서 '전체 보기'라고 했다. 학교수업을 마치고 하는 복습은 충분한 시간을 확보해서 자세하게 복습하는 방법이다. 두 번째 복습을 하는 셈이다. 직후 복습을 한 번 했기 때문에 이해의 속도도 증가했을 것이고, 아는 내용도 눈에 많이 들어오게 된다.

기본 개념을 이해하면서 선생님이 강조한 내용을 다시 확인하고, 수업 중 이해가 안 됐던 내용을 중심으로 자습서나 인터넷 강의를 참조

해서 이해한다. 이해가 우선이다. 이때 필요한 내용은 교과서에 정리하든 노트에 정리하든 정리해 놓는 센스 또한 필요하다.

학교 수업시간표를 기준으로 해서 주간 반복학습 계획표를 세우면 효율적이다. 앞의 7교시 시간표를 기준으로 복습시간을 정해 보면 다음과 같이 계획을 세울 수 있다.

수학 : 1시간 복습
과학 : 40분 복습
국어 : 50분 복습
역사 : 40분 복습

———————————————— 하루 수업 내용 총 복습시간 : 3시간 10분

이렇게 복습 계획을 세우면 과연 다 할 수 있을까? 만일 학원을 거의 다니지 않는 학생이라면 가능할 것이다. 하지만 대부분 학생들이 매번 이와 같이 복습하기는 어려울 것이다. 학교 숙제도 있고, 영어도 공부해야 하고, 학원 숙제도 있고, 예상치 못한 변수도 항상 있기 때문이다. 따라서 자신의 수준, 학교수업 진도 및 내용에 따라 적절하게 계획을 세워야 한다.

학교수업을 마친 후에 반드시 복습은 하되, 과목을 선정할 때 잘해야 한다. 오늘 수업 내용이 어려웠거나 양이 많았을 때, 이 과목은 내가

취약하니까 등등을 생각해서 세워야 한다. 예를 들면 오늘 과학은 직후복습을 했고, 별로 어렵지 않았다면 제외한다. 국어도 진도는 안 나가고 작품 숙제 내준 것을 발표 위주로 했다면 제외한다.

그러면 이런 복습계획이 가능하다.

수학 : 1시간 복습
역사 : 40분 복습

하루 수업 내용 총 복습시간 : 1시간 40분

앞서도 강조한 내용이지만, 과목별 복습시간을 정할 때 한 가지 주의할 점이 있다. 학습량에 따라 다르지만 5~10분 정도는 암기시간을 포함해서 계획을 세워야 한다. 따라서 수학은 10분 정도, 역사는 5분 정도 복습한 내용을 암기해 보는 시간을 마련해야 한다. 마무리는 머릿속에 내용이 기억되어 있는지 스스로 꼭 확인하자.

오늘 내가 자습할 수 있는 총 시간이 3시간 30분이라면, 3시간 30분에서 1시간 40분을 빼면 1시간 50분이 남는다. 반복학습 과목을 공부하고 난 다음에 남은 1시간 50분은 예습이나 숙제, 영어, 수학 보충이나 부족한 부분의 공부를 하면 된다. 시간에 쫓기듯이 계획을 세우지 말고, 내가 할 수 있는 만큼 계획을 세워 조금씩 밀도를 높여 가는 것이 중요하다.

다시 한 번 정리해 보면 다음과 같다.

목요일에 공부할 수 있는 시간이 4시간이라고 하자. 4시간을 기반으로 해서 복습하는데 각 과목당 몇 분이 걸리는지 생각한다. 그러고 나서 순서를 정한다. 즉 배치하는 것이다. 몇 시부터 몇 시까지 할 것인지도 일단 적어 놓자. 그런 다음에 복습할 단원이나 페이지를 구체적으로 적으면 된다.

앞에서 설명했던 덩어리 시간계획 안에서 계획을 세우면 된다. 덩어리 시간계획이 기억나지 않는다면 2장의 시간계획표를 설명하는 부분으로 돌아가서 한 번 더 확인해 보자. 복습하고 난 다음에는 계획에 대한 전체 평가를 해도 되고 과목별 평가를 해도 된다. 다른 요일도 마찬가지다.

① 하루 공부할 총 시간을 확인한다(여기에는 수업 내용을 복습하는 시간과 그 밖의 공부 계획이 포함된다).
② 과목별로 복습해야 할 분량과 시간을 정한다.
③ 어느 과목부터 먼저 할지 순서를 정한다.
④ 복습이 끝나고 나서 다른 공부를 한다.
⑤ 잠자기 전에 실천시간을 적고, 계획 성과에 대한 평가를 스스로 한다.

3단계

잠자기 전, 잠자고 난 후
20분 암기 복습한다

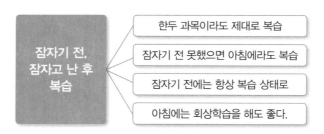

잠자기 전, 잠자고 난 후 복습	
	한두 과목이라도 제대로 복습
	잠자기 전 못했으면 아침에라도 복습
	잠자기 전에는 항상 복습 상태로
	아침에는 회상학습을 해도 좋다.

잠자기 직전에 무엇을 했느냐고 중요하다. 이것은 두뇌 현상과 관련이 깊기 때문이다. 잠자기 전의 학습이 필요한 이유는 우리 두뇌는 잠자기 전에 무엇을 하고, 어떤 생각을 했느냐가 꿈, 정서, 기억에 영향을 미치기 때문이다. 몇 시간 자고 몇 시에 자는 것도 중요하지만, 더 중요

한 것은 잠자기 전의 상태라고 두뇌학자들은 말한다. 잠들기 전에 어떻게 보냈고, 어떤 생각을 했느냐가 아주 중요하다. 수면 상태에서 두뇌활동에 영향을 미친다는 얘기다.

또한 의미 있는 사실은 수면 의학자들이나 심리학자들의 연구결과에 의하면 '자면서도 공부할 수 있다.'라고 한다. 뇌가 잠결에 복습한다는 재미있는 결과다. 연구에 의하면 낮에 공부할 때 활동했던 뇌의 영역이 잠잘 때도 활동한다는 것이다. 즉 잠자기 전에 학습한 내용을 잠자는 동안에 뇌가 다시 되새긴다는 뜻이다. 이런 결과로 본다면 잠자는 동안 뇌가 다시 한 번 복습할 수 있다는 의미에서 시험 날 아침보다 전날 밤에 공부하는 것이 더 효과적이란 말이 된다.

2차 반복이 끝나고 3차 반복은 잠자기 전 15~20분 동안 빠르게 한다. 잠자기 전 15~20분을 자투리 시간으로 남겨 놓자. 이때 다시 한 번 훑어 보기를 하는 셈이다. 정리해 보면, 1차 반복은 훑어 보기(전체 보기), 2차 반복은 자세히 보기, 3차 반복은 훑어 보기(전체 보기)다.

잠자기 전 반복학습은 20여 분 동안 복습해야 하기 때문에 핵심 내용들 위주로 빠르게 훑어 보면서 암기 위주로 한다. 전체 흐름을 다시 훑는다고 생각하면서 빠르게 눈에 익히면서 주요 개념이 무엇인지 암기한다. 스스로 주요 내용을 입으로 설명해 가면서 머릿속에 정리해도 좋다.

시간이 많지 않기 때문에 오늘 배운 과목 모두를 할 생각은 하지 말자. 세 과목을 복습했다면 20여 분 동안 세 과목을 다시 복습하기란 만만치 않다. 능력이 되면 그래도 되지만, 욕심은 금물이다. 한 과목이라도 잠자기 전에 복습한다는 의미가 중요하다. 상황에 따라서 오늘 복습한 과목 가운데서 한두 과목을 선택해서 복습하고 자면 된다.

결론적으로 잠자기 전의 상태를 항상 반복학습을 하는 상태로 맞추어 놓자. 하루의 마무리를 텔레비전을 보거나 게임을 하다 자는 습관은 두뇌를 더욱 피로하게 만들고 정서적으로 좋지 않다.

잠자고 난 후의 20분 복습은 다음 날 아침에 주어진 시간을 최대한 이용해서 전날 공부한 내용을 다시 빠르게 암기해 보는 것이다. 사실상 복습으로 따지면 네 번째 복습이 되는 셈이다. 어젯밤 자기 전에 과학을 복습했다면 오늘 아침에는 과학을 다시 복습할 수도 있고, 아니면 역사를 복습해도 좋다.

복습을 많이 해야 하는 과목이 있을 것이다. 그 우선순위에 따라 결정해서 복습하면 된다. 이때의 복습은 아침 공부시간이나 학교 이동시간, 학교 자습시간을 이용하면 된다. 교재로 공부할 여건이 안 되면 앞부분에서 얘기했던 떠올리기 방법으로 회상해 보는 것도 좋은 방법이다.

잠자기 전과 잠자고 난 후를 하나로 통합한 것은 잠자기 전에 복습을 못했으면 아침에라도 꼭 하라는 의미다. 조금은 유동성 있게 계획을 세우는 것이 오래간다. 두 번 모두 복습하면 좋지만, 여의치 않을 경우 한 번만이라도 꼭 해야 한다.

4단계
일주일 전체복습한다

일주일
전체 복습

- 주말 또는 휴일에 4시간 정도
- 주중 과목 모두 혹은 선택해서
- 기본 문제도 몇 개 풀어 보자
- 복습 효과는 학교수업이 가장 중요

주중에 수업한 내용을 종합하여 복습하는 시간이 있어야 한다. 보통은 주말 혹은 휴일 4시간 정도는 복습시간으로 계획을 세워 둔다. 횟수로 보면 다섯 번째 복습하는 셈이고, 이때의 복습은 자세히 보면서 교과 내용을 확고히 기억시킨다. 지금까지 제대로 복습해 왔다면 4번 반복학습을 해 왔기 때문에 주중 학습량을 소화하는 힘과 기억하는 속도도 빨라졌을 것이다. 이때 가능하다면 각 과목에 대해 개념 이해 문제를 가볍게 풀어 보면 좋다.

　몇몇 학생들은 이런 의문이 들 수 있다.

"과연 4시간 동안 주중에 수업한 내용을 모두 복습할 수 있을까?"

　맞다. 복습이 아무리 중요해도 공부라는 것이 복습만 해서는 안 된다. 실질적으로 네 과목을 복습한다고 해도 한 시간에 한 과목씩 주중 학습량을 복습해야 한다. 어떤 과목은 양이 적을 수도 있고, 생각보다 진도가 많이 나가 양이 많을 수도 있다.

　이것이 가능하려면 4차 복습까지 제대로 진행이 되었어야 한다. 만일 4차 복습까지 제대로 진행이 안 됐다면 일주일 전체복습은 양도 많고 스피드도 느릴 것이다. 4시간 가지고는 어림도 없는 학생이 많을 것이다. 따라서 주중 복습 상황에 따라 주말이나 휴일 복습도 과목과 시간을 조정해야 한다.

　앞서도 얘기했지만 욕심 부리지 말고 할 수 있는 만큼만 최선을 다해 집중해서 하면 된다. 주말복습이라고 해서 주중의 모든 과목의 복습을 다 하자는 얘기가 아니다. 다 할 수 있는 학생은 다 하면 좋다. 하지만 모든 학생이 그렇지는 못할 것이다. 상황이 안 되면 두 과목이라도 주말복습을 통해 제대로 복습을 마무리하라는 얘기다. 주중에 계획한 대로 못했다면 다시 한 번 각오를 다지고 미루지 말고 복습하겠다는 마음가짐을 가지고 실천하면 된다.

자, 여기서 질문을 하나 하겠다. 여러분이 이러한 반복학습 단계를 수월하게 하기 위해서 가장 중요한 것이 무엇일까? 반복학습을 쉽게 할 수 있는 길이 있다.

반복학습을 효과적이게 하는 가장 중요한 것, 그것은 바로 수업시간 이다. 수업에 최대한 집중하는 습관이 중요하다. 여러분의 하루 시간 중에서 가장 중요한 시간은 누가 뭐래도 수업시간이다. 수업에 집중하면 집중할수록 복습시간은 당겨진다.

일반적으로 학생들은 수업은 등한시하면서 학원에 매이거나, 공부를 하기 위해 다른 시간을 굳이 만들려고 한다. 이것은 현명하지 못한 생각이다. 그렇게 하기보다는 학교 수업시간과 보충수업 등 주어진 시간을 최대한 활용하려는 자세가 필요하다. 즉 수업시간에 몰입해서 듣고 이해하고, 반복학습을 손쉽게 하는 것이다.

5단계
반복학습에 누적학습을 더하면
학습 스피드가 증가한다

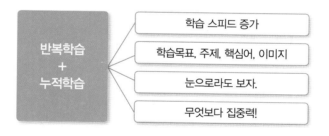

반복학습
+
누적학습

학습 스피드 증가

학습목표, 주제, 핵심어, 이미지

눈으로라도 보자.

무엇보다 집중력!

　누적학습이란, 오늘 반복학습할 때 전에 배운 내용을 빠르게 한 번 훑어 보고 오늘의 진도를 나가는 것을 의미한다. 누적학습을 설명하기 전에 먼저 학습 스피드에 대해서 이해할 필요가 있다. 여러분은 과학 시간에 두뇌에 대해서 배울 때 시냅스를 배웠을 것이다. 시냅스는 한

마디로 뇌세포와 뇌세포 사이에서 정보교환이 이루어지는 곳이라고 보면 된다. 즉 정보전달의 통로인 것이다.

반복학습과 누적학습을 하면 정보전달을 해주는 '미에린초'라는 물질이 형성된다. '미에린 수초'라고도 하는데, 이 '미에린초'로 인해서 정보의 도약전도가 일어난다. 즉 정보전달의 속도가 2배, 3배로 빨라진다는 것이다. 정보가 걸어가는 것이 아니라 뛰어가거나 날아간다고 생각하면 이해가 쉬울 것이다. 두뇌의 작용이 원래 그러하기 때문에 반복학습을 하면서 누적학습을 동시에 하는 것이 무엇보다 필요하다.

누적학습을 할 때, 즉 앞부분을 볼 때 본문을 읽으라는 얘기가 아니다. 본문을 보는 것보다는 학습목표, 목차(주제), 핵심어, 이미지를 중심으로 보면 된다. 학습목표를 보면서 무엇이 중요했는지 떠올려 보고, 주제를 보면서는 주제의 의미를 떠올려 보고, 본문에 등장하는 핵심어도 기억해 보고, 이미지를 보면서는 그 뜻을 생각해 보는 것이다. 두뇌에서 잊히지 않게 이렇게만 익혀 두어도 나중에 다시 복습할 때 상당한 기억 효과가 있다. 더 쉽게 하려면 눈으로만 훑어 보아도 기억의 유지를 더 오래가게 할 수 있다.

반복학습을 하면서 누적학습을 하면 두뇌 학습 스피드가 빨라진다. 정해진 시간 내에 정해진 수의 문제를 푸는 능력은 학습 스피드와 관련 있기 때문이다. 예를 들면 A와 B 두 학생이 있는데, 두 학생 모두 집중도 잘하고 이해력도 좋다. 문제를 푸는 데 걸리는 시간이 다르다면 그것은 학습 스피드에서 차이가 나는 것이다. 같은 조건이라면 일반적으로 3회 반복해서 본 학생보다 5회 반복한 학생이 회상능력이 더 뛰어나다.

이런 경우도 있을 수 있다. A는 3회 반복, B는 5회 반복해서 동일한 회상(Data mining)을 한다면 그 차이 역시 스피드의 차이다. 이런 경우는 3회 반복한 학생이 수업시간과 반복학습을 할 때 더 몰입해서 공부했기 때문이다.

첫 번째는 반복 횟수의 중요성을 얘기한 것이고, 두 번째는 반복 횟수보다는 몰입도의 차이를 얘기한 것이다.

A 학생의 학습 스피드가 빠르다는 것은 두뇌에 있는 뇌세포 간의 공부 내용에 대한 정보의 교환이 빠르다는 의미다. 컴퓨터의 정보처리 속도가 다른 것처럼 학생들의 학습 스피드도 다르다. 학습 스피드를 더욱 높일 수 있는 방법은 반복학습을 하면서 동시에 누적학습을 하는 것이다. 이때 필요한 것이 집중력이라는 사실을 잊지 말자.

6단계
학교 시험 치른 후에 오답 내용을 중심으로 복습한다

학교 시험
후에 복습

- 다시 반복할 수 있는 기회
- 틀린 문제가 속한 단원 복습
- 시험지 혹은 교과서에 틀린 이유 분석
- 문제의 선택지도 꼼꼼히 분석

    대체로 학생들은 학교 시험을 치르고 난 후에 답을 맞히고 점수를 매기는 것으로 만족한다. 다 끝났다고 생각하고 틀린 문제를 확인하더라도 형식적으로 답만 확인하는 경우가 많다.

    중·상위권 학생들은 왜 틀렸는지 틀린 문제를 이해하고 넘어간다.

자신의 수준에 따라 틀린 문제를 대하는 방법이 다르다. 시험을 치렀다는 것은 다시 반복학습할 수 있는 기회다. 자신의 취약한 부분이 드러났기 때문이다. 기회를 버리지 말고 자기 것으로 만드는 지혜가 필요하다. 이때 제대로 된 반복학습이라면 틀린 문제만이 아니라 틀린 문제가 속한 단원을 복습하는 것이다. 횟수로 치면 6번째 복습하는 셈이다.

틀린 문제를 정리하는 방법을 살펴보자. 시험을 치른 후에 놀고 싶더라도 우선 틀린 문제를 분석해서 자신의 약점 부분을 확인하자. 학교에서 시험지를 나누어 주면 시험지의 틀린 문제를 분석해서 메모해 둔다. 교과서와는 별도로 A4 용지에 표를 만들어 문제 번호와 문제를 적고, 틀린 이유와 풀이 과정을 중심으로 메모를 해 둔다. 그리고 시험지와 함께 묶어 둔다. 그 시험지를 모아 두면 나중에 고등학교 가기 전에 틀린 문제 중심으로 복습하기 좋다.

시험지를 주지 않는 경우라면, 채점하면서 틀린 문제의 내용을 메모해 둔다. 그런 다음에 집에 와서 교과서 내용을 찾아가서 왜 틀렸는지 이해하고 메모를 해 둔다. 틀린 문제가 있는 단원의 내용을 한 번 더 복습해서 눈에 익혀 둔다. 이렇게 틀린 문제를 분석하는 데 시간을 많이 투자해야 한다. 시험 문제를 5분에 풀었다면 틀린 문제 분석은 50분이 걸리더라도 완벽하게 이해하고 넘어가야 한다. 중요한 건 교과서에다 시험에 틀린 문제라는 기호를 표시해 두고, 틀린 문제를 분석한 내용을 반드시 적어 두어야 한다.

한 가지 주의할 점은 틀린 문제를 확인하면서 복습할 때 문제와 답만 정리하지 말아야 한다는 것이다. 시험지에 나와 있는 모든 선택지를 분석하는 습관을 들여야 한다. 헷갈렸던 선택지, 매력적인 오답을 가려 내어 정답이 왜 그렇게 되는지 정확히 알아야 한다. 그리고 나머지 항목들 하나하나가 왜 답이 안 되는지도 꼼꼼히 분석해야 한다.

7단계
방학을 활용해서 부족한 부분을 복습한다

방학을 활용한 복습
- 학기 중 최종 복습시간
- 선행보다는 복습에 치중
- 문제집 다시 풀기
- 틀린 문제 점검+새로운 문제집 풀기

방학은 내가 부족한 부분을 한 번 더 복습할 수 있다는 점에서 최고의 기회다. 방학계획을 세울 때 복습과 선행학습의 비율을 잘 정해서 방학을 보내야 한다. 무턱대고 선행학습만 하면서 방학을 보내는 것은 지혜롭지 못하다. 방학 때는 복습을 우선에 놓아야 한다. 수학 외 한 과목 정도를 정해서 다음 학기에 성적을 올리려는 목표를 세워 보자. 수학을 비롯한 부족한 과목에 대한 투자는 선행보다도 훨씬 중요하다.

한 학기 동안 공부했던 내용 중심으로, 특히 수학의 부족한 부분을 반드시 복습해야 한다. 중·하위권 학생들은 학기 중에 풀었던 똑같은 문제집을 한 번 더 풀어도 좋다. 상위권 이상 학생들은 이번 학기 수학 문제집이나 중간고사에서 틀렸던 문제를 중심으로 다시 풀어 보고, 새로운 문제집을 선택해서 풀어도 좋다.

영어의 경우 문법 문제에서 실수를 많이 했다면 문법을 복습하는 시간을 가져야 한다. 자꾸 새로운 것을 하려고 하지 말고 방학은 자신이 공부했던 과정에서 취약한 부분을 극복하는 시간으로 만들어야 한다.

방학은 복습으로 치면 7번째 반복학습이 된다. 계획을 세울 때는 앞에서 얘기했던 덩어리 학습 계획으로 실천하면 효과적이다. 세 덩어리로 계획을 세웠다면 두 덩어리는 복습에 투자하고 한 덩어리는 선행에 시간을 투자하면 된다. 자신의 수준에 따라 다르겠지만, 보통 3분의 2는 복습에, 3분의 1은 선행에 시간을 사용하면 무난하다.

Part 05

계획을 세워 성적 올리는

과목별 반복학습

과목별 공부법은 워낙 방대하고 지금껏 책에서 많이 다루어 왔다.
여기서는 각 과목에서 반복해서 익혀야 할 가장 기본이 되면서
중요한 학습에 초점을 맞추어 정리해 두었다.
국어는 주제, 영어는 문법, 수학은 개념의 문제화,
사회는 자료 해석, 과학은 용어,
역사는 목차 정리다.

국어
교과서와 자습서를 통해
작품 단락의 주제 찾기를 반복하자

국어는 다른 과목보다 사고력, 그것도 종합적인 사고력이 필요한 과목이다. 그래서 학생들이 어려워한다. 국어는 출제자의 생각에 따라서 문제와 답이 달라지기 때문에, 감상능력과 추론능력이 중요하다. 제대로 감상하고 추론할 수 있다면 어느 과목보다 재미있는 과목이기도 하다. 국어는 대부분이 지문을 통해 문제를 묻고 있다. 따라서 제시된 지문만 잘 이해하고 분석하면 어렵지 않게 답이 나온다. 어찌 보면 이해뿐만이 아니라 암기와 응용으로 풀어나가는 과학, 사회, 영어, 수학에 비해 더 쉬울 수도 있다.

지문을 잘 이해하고 분석하는 능력, 즉 독해능력을 키워야 한다. 여기에는 기본적으로 어휘가 중요하다. 대체로 학생들은 글을 읽어 나가

다가 모르는 어휘가 나오면 당황하거나 포기해 버리는 경우가 있다. 이는 자신감 있게 읽을 능력을 감소시킨다. 사실상 한 페이지의 글을 읽을 때 모르는 어휘가 2~3개 정도 나와도 글을 해석하고 분석하는 데 전혀 지장이 없다. 어휘의 직접적인 뜻을 묻는 경우가 아니라면 문제를 푸는데 전혀 관계없는 경우가 대부분이다. 그렇더라도 어휘력은 기본으로 가지고 있어야 한다.

그렇다면 문학작품을 올바로 감상하는 능력과 탐정이 사건을 파헤치듯 추론능력을 기르려면 어떻게 해야 할까? 가장 필요한 것은 주제 찾기다. 교과서나 지문을 읽을 때 단순히 줄거리만 생각하는 것이 아니라 중심 문장과 단락(문단)의 주제(요지)를 잘 이해하고 정리해야 한다. 즉 단락에서 중요한 내용과 중요하지 않은 내용을 잘 가리기만 하면 국어 공부의 절반은 끝난 셈이다. 이 훈련을 반복해야 한다.

자, 이제부터 중심 내용을 파악하는 방법을 살펴보도록 하자.

중심 내용, 즉 단락의 주제를 파악하는 좋은 방법은 자습서를 이용하면 도움이 된다. 국어 자습서를 보면 단락을 잘 나누어 놓았다. 그리고 단락의 주제도 잘 정리되어 있다. 이 방법은 수업시간에 새로운 작품에 들어가기 전 예습할 때 활용하면 좋다. 국어수업 하루 전이나 휴일에 해 보자.

자습서를 보면서 단락이 나누어진 대로 교과서에 사선으로 단락을 나누는 표시해 둔다. 표시한 다음에는 교과서를 보면서 단락의 주제를 스스로 파악해 본다. 파악이 됐으면 교과서 여백에 연필로 흐릿하게 적어 놓는다. 한두 개의 주제를 적은 후에 자습서를 확인해 보아도 좋고, 작품 전체를 다 분석해 보고 자습서로 확인해도 된다. 작품이 긴 경우에는 절반씩 나누어서 해도 된다.

자습서와 확인해서 주제가 다른 경우에는 틀린 표시만 살짝 해 놓는다. 그 자리에서 꼼꼼하게 확인하지 말고 앞으로 있을 수업과 복습시간에 확인한다. 무엇보다 수업시간에 선생님이 단락의 주제를 설명해 주실 때 잘 필기해야 한다. 선생님이 말씀해 주시는 주제가 가장 정확하다고 보면 된다. 학교 시험은 선생님이 문제를 출제하기 때문에 집중해서 들어야 한다.

이런 식으로 작품 몇 개를 훈련하다 보면 중요한 정보를 쉽게 찾을 수 있는 능력이 생긴다. 이것이 감상능력과 추론능력을 쉽게 끌어올릴 수 있는 방법이다. 한 작품당 한 번씩만 하지 말고, 2~3번 정도를 반복해 보자. 첫 번째 볼 때와 두 번, 세 번 볼 때가 다르다는 것을 느낄 것이다.

고전문학과 비문학 공부법

고전문학 공부 : 능숙하게 현대어로 바꾸는 훈련을 하자!

고전문학 시험에는 암기식 문제가 잘 나오지 않는다. 작품 제목과 작가 이름, 쓰인 연대나 시대를 묻는 단순한 문제도 제외된다. 본문의 속뜻과 정서를 파악하는 것이 무엇보다 중요하다. 영어 문제를 풀 때 영어를 우리말로 고치면 모두 풀리는 것처럼 고전문학도 마찬가지다. 본문을 모두 재대로 해석하려면 문제는 거의 다 풀린다. 따라서 작품의 내용을 현대어로 능숙하게 바꾸는 훈련을 하자.

비문학 공부 : 내용을 줄이고 줄여라!

여러분도 알다시피 시와 소설을 문학작품이라고 하고, 사설, 논설문, 설명문 등을 비문학이라고 한다. 비문학 영역은 신문과 잡지책을 꾸준히 보면 도움이 많이 된다. 비문학을 잘하려면 내용을 줄이는 연습을 하면 좋다. 내용을 절반으로 줄이고, 그것을 다시 절반으로 줄이는 방식이다. 그리고 궁극적으로 한 줄로 주제(주장)를 만드는 훈련을 하면 큰 도움이 된다.

영어
학교 진도 나갈 때 교과서 문법을 반복하면서
심화 내용도 익히자

중학교를 들어오기 전에 학생들은 웬만큼 영어에 익숙해져 있다. 듣기, 말하기뿐만 아니라 어휘와 독해까지 수준급인 학생들이 상당수다. 하지만 중학교 들어와서 치르는 시험에서 문법 문제에 취약한 학생들이 많다. 사실상 영어 전체를 정확히 이해하고 쓰기(writing) 능력까지 기르기 위해서는 문법이 필수다. 문법이 중요하지 않다고 말하는 것은 터무니없는 주장이다. 영어를 모국어로 쓰지 않는 한 문법을 제대로 배우지 않고서는 영어 실력이 좋아질 수 없다. 더군다나 중·고등학교 시험에서의 좋은 점수는 문법 실력이 좌우한다고 해도 과언이 아니다. 그러므로 문법 공부를 반복해야 한다.

사실상 문법은 중학교 과정만 잘 다져 놓아도 수능시험까지 충분히 소화할 수 있다. 초등학교 6학년 겨울방학을 이용하여 학원이든 인터넷 강의를 통해 문법의 전체 과정을 가볍게 훑어 보는 것도 좋다. 관계대명사, 원급, 비교급, 최상급, to-부정사, 동명사, 부사, 수동태, 간접의문문, 화법 등 영어의 기본 문법을 정리한 다음 차근차근 보충하는 것이 바람직하다. 처음부터 한 번에 모두 정리하려고 하면 괜히 스트레스 받고 감당이 안 되기 때문에, 학교 진도 나갈 때 복습과 심화학습을 주기적으로 반복하는 것이 바람직하다.

영어 교과서에서 각 레슨이 시작되는 단원 첫 페이지에 보면 학습목표와 함께 각 레슨에서 배워야 하는 문법을 2~3개 정도 소개하고 있다. 이 문법이 본문의 독해나 회화에서 계속 반복되면서 나온다. 1학년 때 배운 문법이 2학년에 올라가서 심화되고, 2학년 때 배운 문법이 3학년 올라가서 심화되기도 한다.

학교 시험은 주로 3~4 레슨 정도의 범위에서 출제된다. 따라서 주요 문법은 6개에서 9개 정도 된다. 학교 진도를 나가면서 교과서에 나오는 문법을 반복해 익히는 활동이 필요하다. 교과서의 문법을 이해하고 반복하면서 문법책에 나오는 심화 내용을 함께 공부하면 그야말로 제대로 공부하는 것이다. 물론 시험 준비도 완벽하게 하는 것이다. 학교 진도로 나가는 문법을 반복하지 않고 다른 내용의 문법을 공부하는 오류를 범하지 않았으면 한다. 영어 문법도 반복적인 복습이 가장 현명한 공부 방법이다. 이번 주 학교 진도는 부정사를 나가고 있는데, 화법을 공부하지 말라는 얘기다.

이렇게 해서 어느 정도 문법의 기초를 닦은 다음에는 독해집을 이용해서 문법 실력을 더 키워 보자. 독해를 많이 하다 보면 사실상 문법 실력도 향상된다. 독해를 하면서 문장 속에서 문법을 발견해서 익히는 것이 문법을 달달 외우는 것보다는 훨씬 이해하기 쉽고 좋은 방법이다.

독해를 하다가 해석하기 어려운 애매한 문장을 맞닥뜨릴 때가 있다. 이때마다 노트에 정리해 놓고 10~20개쯤 되었을 때 분석을 해 보자. 분명히 어디선가 문법이 약해서 해석이 곤란한 문장이 대부분이다. 문장구조를 파악하지 못했거나 부정사의 해석을 잘못했다든가, 접속사의 쓰임을 잘 몰랐다는 등의 결론이 나오면 그 부분의 문법을 집중 공부해야 한다.

아울러 독해 공부를 하다가 수동태 개념 등 문법 설명이 있다면 이것을 따로 정리하고, 문법책에 나온 예문을 찾아 덧붙여 스스로 영어 문장을 만들어 보는 반복훈련을 하면 훨씬 도움이 된다.

수학
개념의 공통점과 차이점을 정리하고
개념이 어떻게 문제화되는지 반복해서 이해하자

수학은 앞 단계의 개념을 이해하지 못하고서는 진도를 나가는 것이 무의미할 정도로 계단식으로 되어 있는 과목이다. 문제를 해결할 능력은 부족한데 문제만 붙들고 늘어져서는 안 된다. 문제해결능력을 얼마나 키우려고 노력했는지부터 스스로를 되돌아보아야 한다. 문제해결능력이 떨어진다고 생각되면 다시 교과서로 돌아가 개념부터 확실하게 다져야 하는 것이 수학 과목이다.

교과서의 내용은 90%가 용어, 즉 어휘로 되어 있다. 국어에는 국어의 용어가 있고, 과학에는 과학의 용어가 있고, 마찬가지로 수학에는 수학만의 용어가 있다. 용어의 개념을 이해하는 것이 수학 공부의 출발이다. 또한 개념에 사용되는 핵심어들을 정확히 아는 것이 중요하다. 예를 들면 방정식의 개념을 설명할 때 꼭 사용해야 하는 핵심어들이 있다.

　기본적으로 어휘를 얼마나 알고 있으며, 또한 그 뜻을 정확히 이해하고 활용할 수 있는지를 '언어능력'이라고 한다. 우리가 공부하는 모든 과목에 필요한 기본 체력은 언어능력이라는 것을 명심해야 한다.

　보통의 학생들은 이러한 언어능력이 떨어지다 보니 생각하는 능력까지 떨어져 수학 공부에 어려움을 겪는다. 언어능력이 약한 학생들은 문제에 접근할 때 더욱 심각한 방해를 받는 것은 당연하다. 예를 들어 수학의 모든 개념도 어휘를 기반으로 하기 때문에 문제에 나오는 어휘들을 확실히 이해하고 있지 않으면 문제해결이 어렵다. 문제해결능력이 떨어지는 학생들의 대부분은 어휘력을 기반으로 한 개념 이해가 부족하기 때문이다.

　공부의 정석은 학습한 내용을 바로 문제에 적용할 수 있을 정도로 기본 개념을 꼼꼼하게 파악하는 것이 선행되어야 한다. 이것이 선행학습이다. 앞부분에서도 강조했지만, 현재 수학실력이 낮은데 짧게는 1년, 길게는 2~3년 앞서서 공부하는 것은 선행학습이 아니라 개념 없는 학습이다. 특히 수학에서 현행학습과 심화학습이 안 된 상태에서는 선행학습에 대한 욕심을 버려야 한다. 그래 봐야 수박 겉핥기식의 공부밖에 안 된다. 그날그날 배운 수업 내용에 충실해서 복습하는 것이 현명하다.

교과서에 나오는 개념이 문제화되는 것이고, 따라서 문제는 개념을 포함하고 있다는 것을 알아야 한다. 문제를 통해 어떤 개념이 어떻게 문제로 만들어지는지 주의 깊게 생각해 보아야 한다. 문제를 풀기 위해 필요한 개념이 무엇인지, 각각의 개념들은 어떻게 연결시켜야 하는지 반복해서 고민하는 과정에서 사고력이 발달한다. 개념은 다른 개념과 엮어서 이해해야 하고, 앞에 나온 개념과 뒤따라 나오는 개념들 간의 관계를 잘 이해해야 한다. 수학은 각 단원의 개념 파악은 기본이고, 각 단원에서 나오는 여러 개념들 간의 관계성에 집중해야 한다. 즉 개념 간의 공통점, 차이점을 잘 이해하고 정리해 두어야 한다.

수학은 특히 틀린 문제 가운데 유사한 문제를 다룬 다른 문제집도 풀어 보는 것이 좋다. 처음에는 느리더라도 정확하게 풀어나가는 학습 태도를 들이다 보면 나중에는 속도가 붙는다. 어떤 문제든 유형을 정확히 파악할 수 있도록 학습해야 한다. 사실 신(新) 유형 문제라는 것도 가장 기초적인 개념을 재번역한 문제라고 보면 된다.

단원별로 핵심 유형의 문제를 정리해 보고, 다시 풀 때는 다른 방법으로 풀 수 있는지, 더 간단하게 계산할 수 있는지 고민해 보자. 새로운 문제를 접했을 때는 어떤 유형과 유사한지, 어떤 내용으로 접근 가능한지를 고민해 보자.

수학에서 약점이 파악된 문제는 답에 이르는 풀이 과정을 꼼꼼히 정리하는 것도 좋은 방법이다. 그렇다고 문제를 풀면서 어려운 부분을 한 번에 완벽하게 이해하거나 정리할 필요는 없다. 예를 들어 〈실수와 그 연산〉은 할 만했는데, 〈문자와 식〉 문제들이 어려웠다면 너무 붙잡고 늘어지지 말고 일단 체크해 놓고 넘어가자. 그리고 개념을 좀 더 공부한 다음에 반복해서 풀어 보자.

다른 과목도 마찬가지이지만 특히나 수학은 반복학습이 중요하다. 수학은 풀이 과정을 통해 다른 과목과는 다른 희열을 느낄 수 있다. 수학을 잘하거나 좋아하는 학생들은 어렵고 약한 부분의 문제를 풀면서 자신과 싸우는 과정을 통해 성취감을 얻는다.

어떤 개념을 묻는지 생각하면서 문제를 풀면 사고력이 좋아지는 것과 마찬가지로, 문제를 풀면서 약한 부분을 정확히 파악하는 훈련을 하면 마찬가지로 사고력이 좋아진다. 떠먹여 주는 공부에 익숙한 학생은 초·중학교 내신에서는 그런대로 좋은 점수를 받을 수 있지만, 고교 내신이나 수능에서는 실패할 수밖에 없다. 스스로 생각하는 힘이 부족하기 때문이다. 중요한 시험일수록 사고력으로 변별력을 찾을 수밖에 없다. 어려운 문제일수록 문제해결을 위해 높은 사고력을 요구하기 때문이다.

수학에서 개념어 파악하고 정리하는 방법은 다음과 같다.

① 문제를 풀면서 무슨 개념을 알아야 풀 수 있는 문제인지를 파악한다.
② 문제를 풀면서 해결이 안 되는 개념어가 무엇인지 별도로 체크를 해

놓는다.

③ 문제에서 자주 등장하는 개념어를 정리해 둔다.

④ 개념어와 다른 개념어들과의 연관관계를 잘 이해해야 한다.

⑤ 문제에 자주 등장하는 개념어와 문제해결이 안 되는 개념어는 반복해서 익힌다.

지금까지 설명한 내용을 기반으로 점수대별로 어떤 노력이 선행되어야 하는지 살펴보자.

하위권 학생의 경우는 개념에 대한 이해가 안 된 상태이기 때문에 교과서나 기본서를 토대로 개념 정리를 충분히 해야 한다. 같은 문제라도 반복해서 머릿속에 개념을 집어넣을 필요가 있다. 노트에 각 단원과 관련된 개념을 적고 핵심 내용을 정리해 보자. 그런 다음에 개념 적용능력을 다져야 하는데, 개념이 어떻게 문제화하는지 살피는 훈련을 해야 한다. 정리보다는 이해에 초점을 맞추어 학습하는 것이 좋다.

중위권 학생의 경우는 문제를 분석해 보면서 잘 틀리는 문제, 약한 부분 등을 파악한 뒤 집중적으로 공략한다. 자신의 약점을 파악한 후에는 유사한 문제를 찾아보거나 풀이 방법을 꼼꼼하게 고민한다. 자신이 많이 틀렸던 단원에서 출제된 문제들을 모아서 푸는 과정에서 특정 단원에서 가장 중요한 내용이 무엇인지, 문제 유형도 파악할 수 있다.

상위권 이상의 학생은 최신 유형의 문제를 접하면서 출제 경향을 철저히 분석한다. 심화학습과 고난이도 문제집을 풀어가면서 실수를 줄인다.

과학
용어 이해를 철저히 반복해서 원리를 터득하자

중학교 과학 교과서는 물리, 화학, 지구과학, 생물의 네 과목이 통합되어 있다. 물리와 화학과목은 이해가 중요하다면, 지구과학과 생물과목은 암기를 많이 해야 한다.

과학을 이해하는 데는 용어 이해가 큰 힘이 된다. 대체로 다른 과목은 용어를 아는 것이 뜻을 아는 것이지만, 과학은 용어를 확실히 알고 있으면 원리를 이해하는 데 큰 힘이 된다. 예를 들면 〈힘과 운동〉 단원에서 등장하는 마찰력의 뜻은 '두 물체의 접촉면에서 미끄러짐을 방해하는 힘'이라고 할 수 있다. 마찰력에 대한 실험이나 마찰력의 사례 등을 이해하면 이것이 곧 힘과 운동에 대한 원리를 이해하게 되는 것이다.

과학 교과서는 읽는 것에 주의해야 한다. 무작정 읽어 나가는 것이 아니라 인과관계를 잘 따져가면서 읽어야 한다. 그렇지 않으면 이해하기가 힘들다. 이때 용어의 개념 이해가 중요하다. 따라서 기본적인 용어라도 다시 반복해서 이해하고 기억해 두어야 한다. 용어를 충분히 이해하고 있으면 원리 파악이 잘 된다. 다른 과목도 마찬가지이기는 하지만, 특히 과학은 한두 번 공부로는 절대 원리를 이해하기 힘들다. 따라서 반복이 더 필요한 과목이다.

강조하지만 과학은 용어 정리를 반복하면서 원리 이해에 힘써야 한다. 과학 교과서에 나오는 용어들은 우리가 일상생활에서 잘 사용하지 않는 경우가 많고 생소하기 때문에 별도의 용어 정리가 필요하다. 낯선 용어나 뜻을 자주 잊어 버리는 용어들은 노트나 교과서 여백에 적어 놓고 자주 반복해서 봐야 한다.

예를 들어 "염화나트륨이 뭐예요?"라고 질문하는 학생이 있다고 한다면, 이 학생은 소금물과 염화나트륨이 같은 말이라는 것을 모르기 때문에 이렇게 질문하는 것이다. 제대로 과학을 공부하고자 한다면 아무리 상식적인 용어라도 모르면 다시 반복해서 익혀야 한다. 용어에 신경을 많이 쓰자는 말이다. 교과서에 등장하는 모든 용어의 뜻을 알아야 하고, 거기에 따른 원리를 이해해야 하고, 공식이나 이미지로도 바꿀 수 있을 정도가 되어야 한다.

새로운 단원이 시작될 때 노트 한 페이지에 낯선 용어들을 먼저 정리하고 수업을 들으면 이해가 쉬워진다. '아, 이 단원에서는 이런 용어들이 등장하는구나.' 정도만 알면 된다. 뜻과 원리 파악이 힘들더라도 수업과 복습을 통해 다져나가면 된다. 교과서가 어렵다면 쉽게 설명된 과학 관련 책을 보면서 과학의 원리를 알아두자. 교과서에서 배우는 과정들의 원리를 사례를 통해 쉽게 설명해 놓은 책들도 있다. 그런 책들을 읽고 진도를 나가면 훨씬 도움이 된다.

대체로 보면 학생들이 개념과 원리를 다 이해하지 못하고 문제를 풀다가 앞부분으로 다시 돌아가 뒤적이면서 문제를 풀곤 하는데, 이렇게 하지 말자. 개념과 원리를 충분히 공부하고 나서 문제를 풀어 보자. 그래도 늦지 않다. 조바심을 내면서 문제집부터 푸는 행위는 옳지 않다.

사회
자료를 통해 추론능력을 기를 수 있도록 반복해서 이해하자

중학교 사회 교과서는 지리와 일반 사회 분야를 공부한다. 개편되기 전의 교과 내용에 비해 단원 수가 증가하고 고등 사회 영역이 일부 내려왔다. 교과 내용은 정치, 사회 문제가 포함된 다양한 지식을 요구하고 있고, 개념의 정의나 정리·확장 등 학습 난이도가 크게 올라갔다고 보면 된다. 그래서 내용을 이해하며 공부하기가 만만치가 않다.

시험의 추세가 개념만 묻는 것이 아니라 특히 서술형 문제에서 자료를 인용해 문제화하고 있다. 지도, 도표, 사진 그래프 등의 이미지다. 이와 같은 개념과 관련된 시각자료는 서술형으로 평가하기 좋은 문제들이다. 교과서에서 이미지를 대할 때 단순히 이미지로만 생각하지 말고, 이 이미지를 통해 어떤 메시지를 전하려고 하는지 의문을 품어야 한다. 즉 이미지를 통해 어떤 개념을 알려주는지에 대해서 반복해서 생각하는 습관을 들여야 한다.

사회 교과서는 개념 학습이 이루어지면 탐구활동으로 확장된다. 이 과정에서 사회 공부에서 요구되는 자료 읽기와 분석활동이 이루어진다. 각종 이미지를 보면서 추론능력을 기르게 한다. 자료를 제시하고 문제를 풀어야 하는 응용 문제에 익숙해져야 한다. 학생들은 시각자료를 대하면 겁부터 먹는데, 교과서를 볼 때 탐구활동을 소홀히 하지 않는다면 글을 읽는 것처럼 익숙해질 것이다. 교과서에 있는 학습 자료를 귀찮아서 제대로 안 보는 학생들이 있는데, 교과서에 실린 자료는 모두 이해하고, 중요하거나 외워야 할 내용들은 표시나 따로 정리해 두어야 한다.

영어 단어나 문장만 해석하는 것이 아니라 자료를 제대로 빠르게 해석할 줄 알아야 한다. 그러기 위해서는 학습 자료가 등장할 때마다 해석하려는 노력을 해야 한다. 중학교 1학년 때는 지리를 주로 배운다. 지리 학습의 핵심은 지도와 도표 읽기에 달려 있기 때문에 제대로 자료를 해석하는 데 익숙해져야 실수가 없다. 지명을 비롯해서 화살표의 이동, 색깔 표시 등이 무엇을 뜻하는지 관심을 가져야 한다. 교과서에 나오는 자료를 반복해서 보면서 이해하고 해석할 줄 알아야 한다. 사회 시험의 30~40% 정도가 단순 개념을 묻는 문제가 아니라, 자료를 가지고 문제를 내고 있기 때문에 준비를 철저히 해야 한다.

자료 학습을 하도록 하는 탐구활동에 대해서 구체적으로 살펴보자. 1학년 사회에서 〈건조지역의 생활〉을 공부할 때, 건조기후의 특색과 건조지역의 모습에 대해서 설명해 준다. 탐구활동에서 사막의 형성 원인과 분포지역에 대해서 지도, 그래프, 사진 등을 보여 주며 알아야 할 내용을 추론하도록 한다. 건조지역의 모습은 여러 사막들의 시각적 자료를 보여 주며 이해시켜 준다. 따라서 탐구활동이란 기본 개념을 가지고 여러 가지 자료를 읽으면서 어떤 관계인지를 파악하여 깨닫는 활동이다. 이렇듯 자료 해석을 등한시하고서는 사회에 흥미를 가질 수도, 점수를 올릴 수도 없다.

역사
목차를 보면 시대의 흐름과 특성이 연상될 때까지 반복해서 읽자

중학교 역사는 한국사와 세계사가 합쳐져 있다. 역사는 흐름이다. 전체적인 흐름을 이해하면서 세부적인 사건들을 끼워 맞추기를 하면 된다. 역사 공부할 때 가장 주의할 점은 전체 속에서 부분을 끼워 맞추는 공부를 해야 한다는 것이다. 반대로 부분에만 집착하다 보면 전체 흐름을 놓쳐서 나중에 기억도 잘 안 나고 헷갈리게 되어 고득점을 받기 어렵다. 그렇기 때문에 역사를 공부할 때는 전체를 보는 눈을 먼저 기르는 것이 좋다.

예를 들어 고려시대 〈통치체제의 정비〉를 보면 이런 목차로 전개된다.

왕권을 안정시키다.

2성 6부를 중심으로 정치를 운영하다.

지방행정조직을 정비하다.

귀족중심의 사회가 성립하다.

역사는 수업 전에 대단원, 중단원, 소단원 등 목차만이라도 한 번 훑어 보는 습관을 들이고 수업을 들으면 좋다. 이때 다음과 같이 생각하려는 노력이 필요하다.

'아, 고려가 들어서고 왕권을 안정시키려는 여러 노력들이 있었고, 흐름을 보건데 2성 6부는 중앙제도인 것도 같고, 그다음 지방행정조직도 정비했네. 그러고 나서 고려라는 나라는 귀족중심의 사회가 되었구나.'

이런 식으로 잠깐이나마 전체 흐름을 생각해 보는 것이다.

자세하게 복습할 때는 목차를 기준으로 해서 세부 내용들을 정리해나가야 한다. 외울 내용이 많기 때문에 핵심어에 체크해 놓고, 스스로 확인 테스트하는 것도 잊지 말자. 예를 들어 일반적으로 학생들은 최승로의 개혁안에 대해서 물으면 '최승로의 개혁안은 이런 것이다'라고 대답한다. 하지만 최승로의 개혁안에 대해서 질문하면 최승론의 개혁안이 어느 목차 안에 있는지가 바로 생각날 정도가 되어야 한다. 최승로의 개혁안의 내용뿐만이 아니라 목차 '왕권의 안정'과 연결시켜 대답할 줄 알아야 한다는 말이다.

중추원도 마찬가지다. 중추원이 하는 일만 달달 외울게 아니라 중추원에 대해서 질문하면 중추원이 무엇을 하는 기구인지를 목차 '2성 6부를 중심으로 정치를 운영하다'와 함께 연결지어 설명할 줄 알아야 한다.

주현과 속현도 마찬가지다. 각각의 뜻만 설명하는 것이 아니라 목차 '지방행정조직을 정비하다'와 연관해서 설명할 줄 알아야 진정한 역사 공부다. 이렇게 되려면 교과서를 반복해서 읽으면서 목차로 흐름을 잡고 목차 속에서 세부 내용을 정리해야 한다. 자주 읽고 외워서 목차만 떠올려도 내용이 술술 나올 정도가 되어야 한다.

복습의 기술은 밀도 있는 반복이다

"쟤도 하는데, 너는 왜 못해!"

우리나라 부모들의 가장 큰 고민은 자식 교육이다. 학생들은 공부를 숙명처럼 받아들여 죽기 살기로 해야 하는 처지에 있다. 이왕 할 거라면 제대로 잘해야 한다는 것이 샘의 생각이다. 대부분 학생들이 공부할 때 활용하는 기본적인 방법이 반복학습이라는 사실은 누구나 인정한다. 모든 일이 마찬가지이지만 공부도 절대 기본에 충실해야 한다. 기본을 안 지키는 학생들 중에 공부 잘하는 학생을 본 적이 없다. 특히 반복학습은 기본 중의 기본이다.

똑같은 반복학습을 하는데 누구는 잘하고 누구는 못한다. 그 차이는 무엇일까? 여러분도 알고 있듯이 에디슨은 반복 실험을 3,000번까지

했다고 한다. 그가 실험을 조금씩 달리하면서 학습한 것이 있었다. 그것은 바로 전기가 빛으로 변하는 데 필요한 물질이 있는데, 그 물질이 가지고 있는 성질에 대한 것이었다. 에디슨이 그것을 이용하여 다른 발명품들을 만드는 데 도움이 되었으리라는 것은 자명한 이치다.

여러분도 반복학습하면서 지루함을 극복해야 한다는 것, 내가 스스로 복습할 시간을 충분히 마련해 두어야 한다는 것을 비롯해서 집중해야 한다는 것, 이해해야 한다는 것, 암기해야 한다는 것, 기계적인 반복이 되지 않게 해야 한다는 것, 반복 횟수가 중요하다는 것, 학습량도 중요하다는 것 등을 스스로 느끼면서 공부했으면 하는 바람이다. 즉 생각하면서 공부하는 것이 얼마나 중요한지를 알아야 한다.

매일매일 학교수업을 복습하는 습관을 들여야 한다. 복습을 몇 회 반복해서 완전히 자기 것으로 만들었느냐가 관건이다. 이것이 먼저다. 한두 번 반복하고 시험을 볼 생각은 하지도 마라. 자투리시간에 복습하고, 집에서 복습하고, 남는 시간에 학원숙제 등을 하며 부족한 부분을 채워 나가야 할 것이다. 이런 원칙하에 이 책은 반복학습의 중요성부터 시작해서 어떻게 해야 하는지 실전 단계까지 자세하게 설명하고 있다. 반복의 횟수도 중요하지만 복습할 때 얼마나 밀도 있게 하느냐가 중요하다. 이 책은 이러한 복습의 기술을 알려주고 있다.

여러분이 기본에 충실해서 이 반복학습법을 공부에 활용한다면 한 학기 이후에는 달라진 성적표를 받게 될 것을 확신한다.